पितामह भीष्म

(मनुष्य के मन में हुई बातचीत का नाट्य रूपांतरण)

पं. विजयशंकर मेहता

प्रभात प्रकाशन, दिल्ली
ISO 9001:2008 प्रकाशक

प्रकाशक • **प्रभात प्रकाशन**
4/19 आसफ अली रोड,
नई दिल्ली–110002

संस्करण • प्रथम, 2017
मूल्य • एक सौ पचहत्तर रुपए
मुद्रक • आर–टेक ऑफसेट प्रिंटर्स, दिल्ली

PITAMAHA BHISHMA *by* Pt. Vijay Shankar Mehta ₹ 175.00
Published by Prabhat Prakashan, 4/19 Asaf Ali Road, New Delhi-2
e-mail: prabhatbooks@gmail.com ISBN 978-93-5266-032-2

भूमिका

यह 'महाभारत' या भीष्म पर आधारित ऐतिहासिक कथा-चिंतन ही नहीं, वरन् भीष्म के माध्यम से हमारे स्वविवेक, उसकी महत्त्वाकांक्षा एवं प्रत्यक्ष-अप्रत्यक्ष रूप से सीधे जीवन व चिंतन पर पड़नेवाले प्रभाव की व्याख्या है। वहीं सृष्टि के आरंभ से अब तक के सबसे जटिल मानवीय संबंध 'स्त्री-पुरुष' के संदर्भ में इस नाटक को मिथकीय रूपाकारों के माध्यम से आधुनिक चेतना-बोध एवं प्रश्नों को जोड़ने का यत्न है।

भीष्म कुरु वंश के प्रमुख पात्र हैं। उनके पिता शांतनु ने दो विवाह किए थे—पहला विवाह गंगा से हुआ था, जिससे गांगेय (देवव्रत) नामक पुत्र हुआ, जिन्हें बाद में 'भीष्म' के नाम से जाना गया। दूसरा विवाह सत्यवती से किया, जिनसे विचित्रवीर्य और चित्रांगद नाम की दो संतानें हुईं। इन्हीं की संतानें पांडु और धृतराष्ट्र हुए। भीष्म ने आजीवन ब्रह्मचर्य व्रत के साथ यह भी प्रतिज्ञा ली थी कि हस्तिनापुर की राजगद्दी पर जो भी बैठेगा, उसकी रक्षा करेंगे।

घटनाएँ तेजी से बदलती गईं और धृतराष्ट्र हस्तिनापुर की राजगद्दी पर बैठे, जिनकी रक्षा की जिम्मेदारी भीष्म पूरी कर रहे थे।

इस नाटक में भीष्म के आस-पास चार स्त्रियाँ पात्र के रूप में आती हैं। भीष्म थे तो ब्रह्मचारी, लेकिन उनका पूरा जीवन स्त्रियों से संचालित रहा। माता के रूप में सत्यवती, पुत्रवधु के रूप में गांधारी, पौत्रवधु के रूप में द्रौपदी और विवाह का प्रस्ताव लेकर आई अंबा नाम की राजकुमारी।

इन चारों स्त्रियों का कहीं-न-कहीं भीष्म से विरोध था। आरोप था कि

भीष्म ने इनके जीवन को विपरीत प्रभाव देनेवाले निर्णय लिये। इतना सब होने के बाद भी भीष्म की प्रतिज्ञा अद्भुत थी और चरित्र निष्कलंक। वे जीवन भर इसी का मंथन करते रहे। महाभारत का युद्ध 18 दिनों तक चला। दसवें दिन भीष्म अर्जुन के बाणों से गिरकर घायल हो गए। चूँकि उन्हें इच्छा-मृत्यु का वरदान प्राप्त था, इसलिए उन्होंने युद्ध के बाद अपनी इच्छा से ही देह त्यागी थी। वे शर-शय्या (तीरों का बिस्तर) पर लेटे थे। इस नाटक की परिकल्पना इसी दृश्य के आस-पास की गई है।

गांधारी के विवाह का प्रस्ताव गंधार-नरेश सुबल के पास पहुँचता है। शकुनि इसे संदेश नहीं, आदेश बताता है। विवाह होता है। गांधारी स्वैच्छिक अंधत्व की प्रतिज्ञा लेती हैं, जो भीष्म के लिए एक चुनौती होती है। यह एक नारी के प्रतिकार का पहला पड़ाव था। नट-नटी इस स्थिति का विश्लेषण करते हैं। नट भीष्म के व्यक्तित्व का विश्लेषण एवं निर्णयों का स्पष्टीकरण करते हुए देवव्रत-महामंत्री वार्त्तालाप को स्मरण करता था। देवव्रत यानी युवा भीष्म। सत्यवती से अपने पिता शांतनु का विवाह हो, ऐसा प्रस्ताव लेकर देवव्रत धीवर के पास जाते हैं। चालाक धीवर देवव्रत के हठीलेपन को जानता है और उसका लाभ उठाकर उनसे एक प्रण करवाता है। शांतनु इस प्रतिज्ञा पर ही अपने पुत्र को 'भीष्म' नाम देते हैं।

समय बीतता है। सत्यवती अपनी विधवा पुत्रवधुओं अंबिका व अंबालिका से नियोग करने हेतु भीष्म को आदेश देती है। भीष्म इसे अस्वीकृत कर देते हैं। सत्यवती अपने अतीत की घटना सुनाती है कि व्यास उसके कौमार्य काल के पुत्र हैं। भीष्म के मन में मातृत्व की प्रतिमा खंडित होती है। शर-शय्या पर लेटे भीष्म को इस द्वंद्व की अवस्था में कृष्ण याद आते हैं। कृष्ण द्रौपदी को समझा रहे हैं कि युद्ध अंतिम समाधान होना चाहिए। द्रौपदी अपने अपमान का प्रतिकार चाहती है। वह इसके लिए कुलनायक भीष्म को दोषी मानती है। कृष्ण द्रौपदी को भीष्म के व्यक्तित्व के बारे में समझाते हैं और अंबा का उदाहरण देते हैं।

दृश्य एक बार फिर अतीत में जाता है। अंबा भीष्म से अपने हरण के प्रति न्याय माँगती है। अंबा का तीव्र प्रतिरोध भीष्म को बेचैन कर देता है। वह एक महासमर की घोषणा करते हुए प्रस्थान करती है और शिखंडी के रूप में महाभारत के युद्ध में भीष्म के समक्ष आती है।

युद्ध महाभारत का, मंथन भीष्म का, विश्लेषण कृष्ण का—जीवन के अंतिम समय में भीष्म कृष्ण से यह जानना चाहते हैं कि कुरु वंश की जो स्थिति हुई, क्या उसके दोषी मात्र भीष्म की प्रतिज्ञाएँ और निर्णय ही रहे? कर्तव्य, प्रतिज्ञाएँ—इन सबका विश्लेषण करते हुए कृष्ण भीष्म के माध्यम से यह संदेश देते हैं कि इन सबके प्रति प्रश्न भी हम ही खड़े करते हैं और समाधान भी हमारे पास होता है। इस नाटक में भीष्म को दो रूपों में प्रस्तुत किया गया है—देह और अंतर्मन। इसलिए प्रस्तुति में देह कभी अंतर्मन हो सकता है तो अंतर्मन कभी देहाकार हो सकता है।

इस नाटक के पात्रों में कहीं-न-कहीं हम अपने को पा सकते हैं। कुछ घटनाएँ हमारे जीवन से होकर भी इसी रूप में गुजरती हैं। पढ़ें तो विचार है, निहारें तो नाटक है और देखें तो दर्पण। इसी भाव के साथ,

—विजयशंकर मेहता

(जीवन प्रबंधन गुरु)

उज्जैन, म.प्र.

दूरभाष : 0734-2533648

इ-मेल : humarehanuman@gmail.com

यह पुस्तक क्यों?

भीष्म महाभारत के केंद्रीय पात्र हैं। श्रीकृष्ण के बार सर्वाधिक महत्त्वपूर्ण निर्णय और नीतियाँ इन्हीं के आसपास घूमी हैं। महाभारत के सभी पत्रों के साथ एक बात होती है कि यदि उन्हें दूर से देखें तो कुछ अलग नजर आते हैं और पास जाकर गहराई से देखें तो वो ही पात्र बदले हुए दिखते हैं। अच्छाई और बुराई की परिभाषा महाभरत के हर प्रसंग में नए-नए ढंग से की जाती रही है। श्रीकृष्ण ने धर्म के आधार पर जितने निर्णय लिए, वे भी दूर से देखने पर प्रश्नचिह्न पैदा करते हैं, लेकिन कृष्ण हमेशा भीष्म के लिए कहा करते थे कि ऐसे लोग धरती पर दोबारा नहीं आते। जब द्रोपदी ने भीष्म के चरित्र पर प्रश्न उठाई थी कि तब भी उन्होंने कहा था, ''पांचाली, भीष्म जैसे लोग संसार में बार-बार नहीं आते। तुम किसी एक घटना से भीष्म का मूल्यांकन कर रही हो तो वह गलत होगा। मनुष्य घटनाओं का जोड़ होता है। उसे खंड खंट करके नहीं देखा जा सकता। अगर किसी को तोड़कर देखोगे तो हो सकता है, मूल्यांकन गलत हो जाए।''

भगवान् कृष्ण ने भीष्म का मूल्यांकन बहुत अच्छे ढंग से किया था और भीष्म चरित्र भी ऐसा ही है। अखंड ब्रह्मचर्य साधा तो पूरा जीवन स्त्रियों से संचालित रहा। माँ के रूप में गंगा, सौतेली माँ के रूप में सत्यवती फिर अंबा, विभा का प्रस्ताव लेकर आती है। एक ओर गांधारी चुनोतियाँ देती है तो पौत्रवधु द्रोपदी तो कटघरे में ही खड़ा कर देती है। लेकिन इस सबके बावजूद भी भीष्म कुछ ऐसा सीखा जाते हैं, जो यों किसी पात्र से नहीं सीखा जा सकता।

भीष्म जैसे पात्र को नाटक में समेटना भी एक चुनौती है। मैं जब रंगकर्म किया करता था तो मुझे कभी-कभी भीष्म श्रीकृष्ण के निकट खड़े नजर आते थे। और यदि कृष्ण किसी को सम्मान दे रहे हैं तो उस व्यक्तित्व में कुछ अद्‌भुत बात होगी ही। इसीलिए भीष्म को नाटक में समेटने का विचार आया।

महाभारत में तो एक लाख श्लोक हैं। उपन्यास के रूप में भीष्म पर लिखना बड़ा और कठिन भी हो सकता था, लेकिन नाटक के रूप में भीष्म उतना ही समझ में आते हैं, जितना शोध करके कोई उपन्यास लिखा जाए। हर पात्र के साथ भीष्म की भूमिका हमें हर बार प्रसंग समापन का संदेश दे जाती है। इस नाटक में खास तौर पर जब भीष्म अपना अंतिम संदेश देते हैं तो ऐसा लगता है कि किसी भी मनुष्य के जीवन के लिए ये बहुत बड़े सूत्र हैं। क्योंकि आज हम बिल्कुल वैसे ही घिरे हुए हैं, जैसे भीष्म कभी अपनों से घिरे होते थे। उसके बावजूद अपना चरित्र, अपने सिद्धांत, अपना व्यक्तित्व बचाना कोई भीष्म से सीखे। यह नाटक उसी विचार की प्रस्तुति है।

पात्र-परिचय

[भीष्म 'महाभारत' के केंद्रीय पात्र हैं। उनसे संबंधित हर पात्र का अपना विस्तृत परिचय है, किंतु यहाँ उतना ही परिचय दिया जा रहा है, जितना नाट्यकर्म से जुड़ी घटनाओं में आवश्यक है।]

नट, नटी	:	सूत्रधार
कृष्ण	:	कौरव-पांडव दोनों पक्षों में सम्माननीय तथा नाटक में शांतिदूत के रूप में।
भीष्म	:	शांतनु-पुत्र देवव्रत, जिन्होंने अपने पिता के विवाह के लिए आजीवन ब्रह्मचारी रहने का व्रत लिया। इस प्रतिज्ञा के लिए ही वे 'भीष्म' कहलाए। कुरु-वंश की नई पीढ़ी में वे 'पितामह' के रूप में संबोधित किए गए।
शांतनु	:	भरतवंशी राजा। इनकी पत्नी गंगा से देवव्रत का जन्म हुआ। बाद में इन्होंने धीवर कन्या सत्यवती से विवाह किया।
धीवर	:	दाशराज। इनकी पुत्री सत्यवती पर शांतनु मोहित हो गए थे। इन्होंने विवाह के लिए शर्त रखी कि सत्यवती की संतान ही राजा बनेगी।
गंधार-नरेश	:	इन्हीं की पुत्री गांधारी से भीष्म ने धृतराष्ट्र का विवाह करवाया था।

शकुनि : गांधारी का भाई तथा कूटनीतिज्ञ।

गंगा : शांतनु की पत्नी तथा देवव्रत की माँ। इन्होंने परशुराम तथा भीष्म के मध्य हुए भीषण युद्ध को रुकवाकर शांति का संदेश दिया था।

सत्यवती : महत्त्वाकांक्षी स्त्री, जिसका विवाह शांतनु से हुआ था। विचित्रवीर्य तथा चित्रांगद नामक दो पुत्रों की माँ।

गांधारी : गंधार-नरेश की पुत्री तथा शकुनि की बहन। भीष्म के दबाव के कारण इस प्रतिभाशाली कन्या का विवाह जन्मांध धृतराष्ट्र से हुआ था।

अंबा : काशी-नरेश की कन्या। भीष्म इसकी दो बहनों के साथ विचित्रवीर्य के लिए इसका हरण कर लाए थे। लेकिन यह शाल्व से विवाह करना चाहती थी। शाल्व ने इसे ठुकरा दिया। भीष्म ब्रह्मचर्य के लिए प्रतिबद्ध थे, अतः अंबा ने भीष्म से प्रतिशोध लिया।

द्रौपदी : पांडवों की पत्नी। भरी सभा में अपमानित होने पर कौरवों के प्रति प्रतिशोध की भावना लिये थी और अपने अपमान का बदला लेने के लिए कृष्ण से निवेदन किया था।

मंत्री : शांतनु का मंत्री, जिसने देवव्रत को समाचार दिया था कि शांतनु धीवर-कन्या सत्यवती से विवाह करना चाहते हैं।

प्रतिहारी : समय-समय पर भीष्म को कुरु-वंश में हो रही घटनाओं का विवरण देनेवाला पात्र।

[मंच पर प्रकाश आता है। दोनों ओर से 8-10 कलाकार प्रवेश करते हैं। कुछ सामान भी है। आपस में चर्चा करते हैं। एक-दूसरे के प्रश्नों का शीघ्रता से उत्तर देते हैं। एक व्यक्ति मंच को प्रणाम करते हुए प्रवेश करता है।]

लड़का एक : हाँ भाई, जय रामजी की!
(सामने से दूसरे का प्रवेश)

लड़का दो : जय रामजी की!
(धीरे-धीरे दूसरे कलाकारों का प्रवेश)

लड़का तीन : अस्‍...सलाम वालेकुम...।

लड़का चार : जनाब, वालेकुम अस्सलाम।

लड़का पाँच : चलो, ठीक है, पहुँच ही गए।

लड़का छह : चलो, सब लोग इकट्‍ठे हो जाओ। अरे, लड़कियाँ कहाँ गईं?

लड़का सात : *(लड़कियों को देखकर)* इधर आओ, इधर आओ!

लड़का सात : इनका ध्यान रखो भाई। उज्जैन से यहाँ तक लाए हैं। नाटक में लड़कियाँ मिलती ही कहाँ हैं। बड़ी मुश्किल से भेजा है इनके माता-पिता ने।

लड़का छह : चलो, सब इकट्‍ठे हो जाओ!

लड़का पाँच : अरे, इकट्‍ठे तो हो जाएँ; परंतु करना क्या है?

लड़का तीन : लो, अब यहाँ आकर पूछ रहा है, क्या करोगे?
(ताली ठोकता है) अरे, वही करेंगे, जो करने के लिए उज्जैन से यहाँ आए हैं।

लड़का आठ : क्या, नाटक?

लड़का सात : हाँ! और किस लिए आए हैं उज्जैन से यहाँ?

लड़की एक : अच्छा बताओ, कौन सा नाटक करेंगे?

लड़का छह : ऊँऽऽ *(सोचकर)* 'भीष्म' कर देते हैं।

लड़की दो : *(मुँह बनाकर)* यह कौन सा नाटक ले बैठे?

लड़की चार : कोई शेक्सपीयर की लवस्टोरी दिखाते।

लड़की तीन : कालिदास की शकुंतला ही उठा लाते।

लड़की दो : व्यवस्था पर व्यंग्य भी चलता। यह क्या नाम ले लिया।

लड़का सात : ऐ, हिटलर की तानाशाही, गांधी की अहिंसा, बेनजीर से लेकर थ्रैचर के इस्तीफे तक, उत्थान से लेकर राजा के पतन तक सबके पीछे जो कुछ होता है न, वह सब है इसमें।

लड़की एक : कर्तव्य और भावनाओं के द्वंद्व।

लड़का दो : राजनीति के दाँव-पेंच।

लड़का तीन : राज-व्यवस्था की उठा-पटक, सबकुछ मिलेगा इसमें।

लड़की : यानी, महाभारत दिखाओगे?

लड़का चार : *(धारावाहिक की तान में)* महा···भा···रत··· ।

लड़का तीन : *(गंभीरता से)* नहीं, नहीं··· । जो महाभारत में देखा, क्या वही भीष्म हैं?

लड़का छह : नहीं, एक और भीष्म भी है, जिसके अंदर झाँकने पर वह सबकुछ दिखेगा, जिसे हम देखना चाहेंगे।

लड़की एक : और शायद नहीं भी देखना चाहें··· ।

लड़की दो : तो चलो, बातें बहुत हो गईं, अब···

लड़का छह : चलो, गणपतिजी की आरती उतारें।

'चलो!'

'ऐ, तू उदास क्यों हो गया?'

'मुझे याद आ गया।'

'क्या?'

'इस देश में आरती और आरक्षण दोनों में ही देह जल रही है।'

'ऐ, सब ठीक हो जाएगा।'
'तुम्हें कैसे मालूम?'
'अरे, सारा देश यह कह रहा है। तो आओ, कहे हुए को करके दिखाएँ।'

आरती

गजानन गणपति, सुन लो हमारी बिनती
आज हमारी नाटक सेवा स्वीकारो हो देवा!
लंबोदर हो, विघ्नहरण हो, शुभ लक्षण हो,
हमको दो आशीष, गजानन गणपति...।

सफल हमारा नाटक हो, दो ऐसा वरदान,
शुभ नक्षत्र में पूजा, हो सबका कल्याण।
लंबोदर हो, विघ्नहरण हो, शुभ लक्षण हो,
हमको दो आशीष, गजानन गणपति...।

उज्जयिनी के अभिनेता हम नाटक लाए 'भीष्म'
महाकाल की कृपा है हम पर जिसने पिया था विष।
लंबोदर हो, विघ्नहरण हो, शुभ लक्षण हो,
हमको दो आशीष, गजानन गणपति...।

दर्शक देव भी आए हैं, लेने नाटक-मोदक,
हमको तुम दो ज्ञान इतना, सब हो जाए मोहक।
लंबोदर हो, विघ्नहरण हो, शुभ लक्षण हो,
हमको दो आशीष, गजानन गणपति...।

(आरती समाप्त होती है। सभी लोग पार्श्व में जा रहे हैं। नटी नट

को वहीं रोक लेती है।)

नट : अरे, रोक क्यों रही हो? जानती नहीं, कल हमारे दल को यहाँ से निकल चलना है और इसीलिए मुझे सारा सामान बटोरना है।

नटी : कल निकल जाना है। क्या अब यहाँ और नाटक नहीं करना है?

नट : ऐसे माहौल में कौन नाटक देखना चाहेगा? यहाँ की हवाओं में अविश्वास की तीखी चुभन है। कौन किसके साथ है, समझ नहीं आता है। कल के पराए अपने हो गए। जो अलग-अलग दिखते हैं, वो वैर में खड़े हैं। जो साथ-साथ दिखते, वो स्वार्थ में लिपटे हैं। शायद समर्थन की संस्कृति यही है, पर स्वर सबका एक जैसा है। चाहे राम की अयोध्या हो या रावण की लंका, भीष्म का हस्तिनापुर हो या कृष्ण की द्वारका···। सांप्रदायिकता की नींव पर मंदिर से मसजिद बने या भ्रष्टाचार के ईंट-गारे से मकान या महल बने, एक ही तरीका है सबका, एक ही भाषा है···। सभी जगह अस्तित्व की सत्ता और राजकीय पद के लिए एक ही स्वर है—कर्तव्य-बोध···। हा-हा-हा *(व्यंग्य से हँसता है)* सारे स्वार्थ साधे जा रहे हैं इस एक स्वर के पीछे। तुम्हीं बताओ, कैसे कर सकेंगे नाटक? कहाँ से लाएँगे दर्शक? फिर हम भी तो इनसान हैं। उन सारी घटनाओं से अछूते भी नहीं रह सकते। अस्थिरता का आभास सबको विचलित किए जा रहा है। आज भी···। *(दूर आसमान पर देखता है)* देखो, देखो, आकाश आशंकाओं के बादल से घटनाएँ बरसा रहा है।

नटी : हूँ··· *(गरदन झटकती है)* मैं कुछ नहीं जानती। मैंने तो

कभी यहाँ कुछ देखा ही नहीं है; और तुम भी··· । देखो, देखो, बादल की ओट से चंद्रमा हमें देख रहा है। तुम ही कहते थे न कि यहाँ का मैदान बहुत बड़ा है और चाँदनी रात में यहाँ अनजाने अनुभव होने लगते हैं।

नट : देखो, अभी मैदान के अनुभवों को जाँचना महत्त्वपूर्ण नहीं है। अभी तो···

नटी : आगे जाने की व्यवस्था सँभालना आवश्यक है।

नट : देखो नटी, यह परिहास का समय नहीं है।

नटी : मैं कहाँ परिहास कर रही हूँ। मैं तो गंभीर हूँ। मेरी गंभीरता का आरक्षण उस नायक की तरह है, जो जलती देहों को देखकर कविता करने लगता है। देखो, वह दूर दिखता मैदान, वह क्षितिज, वह चंद्रमा··· । *(निकट आती है, कंधे पर सिर रखती है।)*

नट : तुम मुझे अपने कर्तव्य से विमुख कर रही हो।

नटी : कर्तव्य···कर्तव्य···कर्तव्य··· । मेरे प्रति तुम्हारा कोई कर्तव्य नहीं ? समाज की जिम्मेदारी के बोझ का अभिनय लादकर तुम मुझसे परे रहना चाहते हो ? क्या मेरी देह की कोई आकांक्षा नहीं ? क्या मेरे मन की कोई अपेक्षा नहीं ? अरे, हृदयहीन··· !

नट : कर्तव्यों के परिपालन में व्यक्तिगत आकांक्षा का कोई स्थान नहीं होता, न ही इसकी परिभाषा की पंक्ति बहुत सधी होती है। एक शब्द भी सरका तो समझो, परिभाषा का अर्थ बदल गया। और कर्तव्य की परिभाषा का अर्थ बदला, यानी जीवन का अर्थ बदला। कई बार ये अर्थ हृदयहीन होकर सहने पड़ते हैं। *(व्यंग्य से थककर)* लेकिन यह सब तुम कैसे समझ सकती हो ? तुम तो नारी हो न, सरलता

की मूर्ति ! नारी··· !

नटी : तो क्या नारी मनुष्य नहीं होती ? मान्यताओं के सहारे नारी को विकलांग घोषित करनेवाला तुम्हारा पुरुष समाज व्यर्थ नारी के माथे दोष मढ़कर अपने आपको ऊँचा साबित क्यों करना चाहता है ? क्या हृदयहीन होना तुम्हारा गौरव है ? यदि यह गौरव है तो धिक्कार है इस गौरव को। यदि सरलता की विवशता का नाम नारी है तो स्वीकार करती हूँ इस विवशता को। मैं नारी हूँ, ऐसी नारी, जो हृदयहीन कर्तव्यों के पीछे की भावना का स्पंदन देखना चाहती है।

नट : असंभव··· । भावना से अभिप्रेरित कर्तव्य पूर्ण नहीं हुआ करते। यह अनुभव करने की बात है, देखने की नहीं। बहुत सरल है कर्तव्य-परायणता में हृदयहीनता के प्रतिबिंब देखना। अनुभव करो, यह भूमि कुरुक्षेत्र की है, जहाँ हम ठहरे हैं। यह भी *(पहले पृथ्वी पर इंगित करता है, फिर अपने शरीर पर)* और यह भी··· । यह जीवन भी कुरुक्षेत्र है।

नटी : *(गहरी साँस लेते हुए)* हूँह··· । तुम कहते थे, चाँदनी रात में यहाँ अनजाने अनुभव होते हैं। नारी के समक्ष पुरुष समाज ने जो प्रश्न खड़े किए हैं, क्या उनका उत्तर अनुभव द्वारा दिलवाना चाहते हो ?

नट : हाँ, देखो इस कुरुक्षेत्र में। वंचित मत रहना इस अनुभव से कि उस महामानव के शरीर में बना हर घाव एक उत्तर है।

नटी : और हर तीर एक प्रश्न है।

नट : आओ, मिलकर अनुभव करें शर-शय्या पर लेटे उस

महावीर के अंतर्द्वंद्व का। संभवतः हमारे प्रश्नों का उत्तर वही हो।

[मंच पर जैसे ही अंधकार होता है, कोरस उभरता है।]

कोरस

मानव मन के कुरुक्षेत्र में संबंधों का ध्वंस शेष है।
कर्तव्य-प्रतिज्ञाओं का, फूल नहीं बस शूल शेष है॥
मानव मन के···

मौन आज यह महापुरुष है, विवश आज यह पितृपुरुष है।
स्वजनों की शर-शय्या पर, नमन नहीं बस दोहन शेष है॥
मानव मन के···

[कोरस धीरे-धीरे समाप्त होता है। एक आलाप उभरता है। अँधेरे में मंच पर एक कोने में शर-शय्या है, जिस पर भीष्म लेटे हैं। हल्का सा प्रकाश शर-शय्या पर। अलग-अलग ऐसे लेवल बने हैं, जिन पर चार नारियाँ सफेद वस्त्र पहने खड़ी हैं। प्रत्येक पर अलग-अलग हल्की सी रोशनी है। एक नीरवता का आभास। उसमें आलाप चल रहा है। एक स्त्री आती है, शर-शय्या के आस-पास घूमती है। कुछ संवाद करने के बाद वापस अपने स्थान पर खड़ी हो जाती है। आलाप का स्वर तेज होता है, अंधकार बढ़ता है। नारियों का निर्गम होता है। प्रकाश पुनः भीष्म की शर-शय्या पर। शर-शय्या के पास सबसे पहले सत्यवती आती है। चल रहा आलाप कम होता है और सत्यवती का संवाद उभरता है]

सत्यवती : भरतश्रेष्ठ देवव्रत से लेकर महाबाहु भीष्म तक तुम एक ऐसा प्रश्न बने रहे, जिसका उत्तर राजमाता सत्यवती कभी नहीं पा सकी। तुम्हारे अनुशासन के पीछे मैंने सदैव एक असहमति ही देखी। तुम्हारे कर्तव्य-बोध के लिए जो मापदंड था, उसका उत्तर आज देना होगा पुत्र भीष्म! आज देना होगा···।

(आलाप फिर उभरता है। सत्यवती अपने स्थान पर जाकर जम जाती है। अंबा आती है। आलाप का स्वर धीमा होता है। अंबा संवाद करती है)

अंबा : राजकुमार देवव्रत, पहचानते हो मुझे ? मैं अंबा··· । वही अंबा, जिसकी शृंगारित देह को तुम हर लाए थे। मेरा हरण किया था तुमने अपने दो असमर्थ भाइयों के लिए और अस्वीकृत किया था मुझे अपनी प्रतिज्ञा के कारण। आज जब तुम्हारा वंश उजाड़ हो गया, तब यह अंबा तुमसे पूछती है—किस अधिकार से तुमने एक नारी को उसकी आत्मा तक आहत किया ? बोलो भीष्म, बोलो ! अब निरुत्तर रहने का कोई कारण नहीं। आज उत्तर देना ही होगा।

(आलाप फिर उभरता है। अंबा के जाने के बाद गांधारी आती है। उसके संवाद के साथ आलाप धीमा होता है।)

गांधारी : तातश्री, क्या राजकुल की प्रतिभाशाली पुत्री होना अभिशाप है ? गांधारी आज इस स्थिति में क्यों है ? महाराज धृतराष्ट्र के अंधत्व से बँधकर मुझे कोई दु:ख नहीं है; किंतु पीड़ा है आपके निर्णय पर। आपने मेरे विवाह का बंधनवश मोह और राजनीतिक दबाव की डोर से बाँध दिया ! क्यों ? कदापि आपके पास उत्तर हो तो आज गांधारी भी प्रश्न लिये खड़ी है।

(गांधारी अपने स्थान पर जाती है। द्रौपदी आती है। आलाप का स्वर पुन: धीमा, द्रौपदी का संवाद।)

द्रौपदी : प्रणाम पितामह ! आज यह द्रौपदी आपसे प्रश्न करने नहीं, न्याय माँगने आई है। कुरु वंश का विशाल वृक्ष तो आपसे संरक्षित था, फिर द्रौपदी की कोंपलें क्यों रौंदी गईं ? नारी अपमान के अपराध के समक्ष पितामह, आपका प्रतिज्ञा पुरुष खंडित है। जो प्रतिज्ञाएँ अपनी पौत्रवधु के साथ

हो रहे अत्याचार में न्याय और अन्याय का भेद भुला दे, उन्हें इस राष्ट्र की नारियाँ कभी क्षमा नहीं करेंगी। न्याय दें पितामह, मुझे न्याय दें···। द्रौपदी को नहीं मिला न्याय समाज पर सदा बोझ बना रहेगा, जिसके उत्तरदायी आप होंगे, आप···सिर्फ आप!

(धीरे-धीरे द्रौपदी अपने स्थान पर जाती है। प्रकाश कम होता है।)

प्रश्नों की तेज हवाओं से डोल रहा विश्वास मेरा।
जीवन की अंतिम संध्या में क्यों खोल रही इतिहास मेरा॥
प्रश्नों की तेज···

नारी का अंतर्मन लेकर, मन सहज न हो पाया मेरा।
देह त्याग की संध्या में, क्यों कर रही उपहास मेरा॥
प्रश्नों की तेज···

[पूर्ण अंधकार। कोरस पुनः आरंभ होकर प्रकाश शर-शय्या पर केंद्रित होता है। धीरे-धीरे भीष्म की अंतरात्मा शर-शय्या से उठती है। शर-शय्या पर लेटे भीष्म (देह) को देखते हुए अंतरात्मा कुछ दूरी पर खड़ी होती है। उसपर भी प्रकाश होता है। अंतरात्मा भीष्म शांत और निर्विकार खड़े हैं, देह भीष्म से आवाज आती है।]

भीष्म (देह) : जीवन के आनंद और मृत्यु के विवाद में जब कोई अंतर न रहे तो सबकुछ स्पष्ट दिखने लगता है; परंतु एकाएक सब धुँधलाने क्यों लगता है? कैसे प्रश्नों से घिर गया हूँ मैं? अर्जुन के जिन बाणों से मेरा यह शरीर आहत हुआ है, उन बाणों में तो एक मिठास थी। इन नारियों द्वारा पूछे गए प्रश्न संभवतः उन बाणों से भी गहरे चुभे हैं। हरेक

प्रश्न का उत्तर प्राप्त करने के लिए हरेक घाव को कुरेदना पड़ेगा। जिस घाव को भी स्पर्श करोगे, रक्त बह निकलेगा। कुरु वंश का ऐसा गाढ़ा रक्त, जिसमें कि सबकुछ बहता हुआ दिखेगा। रक्त-प्रवाह के इस पार खड़े हो भीष्म, कैसे जाओगे उस पार? इस रक्त-प्रवाह के रंग के सामने तो तुम्हारी अपनी शक्तियाँ, तुम्हारी चेतना भी प्रश्न करेंगी। कैसे पार करोगे इस रक्त-प्रवाह को?

(इस संवाद के बाद एक क्षण का सन्नाटा और अंतरात्मा भीष्म का प्रत्युत्तर।)

भीष्म (अंतरात्मा) : आत्मचिंतन के सेतु से मैं…मैं…भीष्म तो नहीं था। एक राजकुमार, शांतनु कुमार देवव्रत…। एक ऐसा देवव्रत, जिसमें जितना शौर्य, उतनी ही कोमल भावनाएँ थीं। यौवन का बहता वेग, जिस पर अकस्मात् ही कर्तव्य-बोध का ऐसा बाँध बन गया, जो फिर भीष्म के रक्त से भी ध्वस्त नहीं हुआ। अपनी भावनाओं को, कर्तव्य के बोझ को जब पहली बार समेटा था, तब माता सत्यवती ही सामने थीं। एक ऐसा मातृत्व मिला, जिसके समक्ष पुत्र सदा परीक्षार्थी ही बना रहा, जिसे ममता ने सदैव अनुशासन और न्याय की कसौटी पर कसा; लेकिन देवव्रत ने कभी अपने कर्तव्य-पुरुष को लड़खड़ाने नहीं दिया।

(इस संवाद के समय भीष्म वहाँ खड़ा होता है, जहाँ सत्यवती खड़ी थी। फिर वहाँ, जहाँ अंबा खड़ी थी।)

कर्तव्य के बोझ तले भावनाएँ बिखरती थीं। देवव्रत हर बार उन्हें समेट लेता था। समझने में सर्वाधिक शक्ति तो उस दिन लगी थी, जिस दिन अंबा सामने थी। उसका

प्रेम-मिलाप देवव्रत के यौवन की संवेदनशील भावनाओं से मिलने अंतर्मन तक भ्रमण कर आया था।

बिखरे हुए को समेटने की जो शक्ति थी देवव्रत में, उसी का तो लेप लगाया और सारा व्यक्तित्व पाषाण हो गया। यही तो आरोप है सबका, विशेषकर अंबा का। मैं···मैं उसकी भावनाओं का सम्मान करता और वह···वह मेरी प्रतिज्ञाओं को प्रहार मानती रही। मेरे ब्रह्मचर्य पर यह एक नारी की कैसी वक्रदृष्टि थी ?···

(चलते-चलते भीष्म गांधारीवाले स्थान पर आता है।)

गांधारी का तो दोषी हूँ मैं। क्या सचमुच दोषी हूँ ? गांधारी को समझ पाने का या न समझ पाने का। गंधार-नरेश सुबल की पुत्री गांधारी कुछ और थी। शकुनि-भगिनी गांधारी को समझना कठिन ही रहा। धृतराष्ट्र-भार्या गांधारी के प्रति अपराध-बोध बना ही रहा। एक व्यक्ति के इतने उलझने से ही क्या दुर्योधन पनपा ? हाँ, गांधारी एक कठिनाई बन गई मेरे सामने। क्या मेरी प्रतिज्ञा का प्रत्युत्तर थी वह ? स्वैच्छिक अंधत्व और नैष्ठिक ब्रह्मचर्य। क्या है यह ? कोई नियम, कोई शैली, कोई धर्म या कोई अनुभव ? कैसे-कैसे अनुभव। एक ब्रह्मचारी बना मैं नारी मोह से तो मुक्त रहा, किंतु मेरा सारा निजत्व इनसे ही आहत होता रहा। माँ गंगा मिलीं नहीं, माता सत्यवती का मातृत्व ग्लानि में डूब गया। काशी-नरेश की कन्या अंबा के प्रतिशोध ने ही देवव्रत को भीष्म की ओर अग्रसर किया। पुत्रवधु गांधारी तो चुनौती ही बन गई और पौत्रवधु द्रौपदी तक आते-आते जीवन के सारे मूल्य दाँव पर लग गए। कौन सा निर्णय ऐसा रहा होगा, जिसने कुरु वंश को यह गत दे दी। अब तो असंभव है दंड

पाना। किसके मूल में कौन है, बहुत कठिन है यह जान पाना। फिर भी, कुछ पात्रों, विशेषकर शकुनि और कर्ण का प्रवेश प्रतिबंधित हो जाता तो संभवत: ऐसे परिणाम नहीं आते। लेकिन कैसे होता प्रतिबंध, जब अपना ही आमंत्रण हो? क्या सचमुच वह आमंत्रण था? नहीं, वह तो एक संदेश था, मात्र संदेश!

(अंतरात्मा भीष्म सोचते-सोचते कहीं खो जाता है। मंच पर पूर्ण अंधकार। संगीत उभरता है, साथ में प्रकाश भी। दृश्य बदलता है। सुबल का प्रवेश, पीछे-पीछे शकुनि भी।)

शकुनि : यह संदेश नहीं, आदेश है, पिताश्री।

सुबल : विवाह-प्रस्ताव के लिए आदेश नहीं भेजे जाते, पुत्र!

शकुनि : मैं मानता हूँ, उम्र और अनुभव में आपसे बहुत छोटा हूँ, किंतु राजनीति तो वातावरण में गंध से पहचानी जाती है। गंधार-नरेश को यदि संदेश भेजना होता तो स्वयं भीष्म आकर संदेश देते और हमारी स्वीकृति की प्रतीक्षा का आतिथ्य भी स्वीकार करते।

सुबल : किंतु उन जैसे महापुरुष का यह बड़प्पन भी तो हो सकता है कि उन्होंने धृतराष्ट्र के लिए गांधारी का चयन किया।

शकुनि : क्षमा कीजिए पिताश्री, 'भी हो सकता' नहीं कहिए।

सुबल : भीष्म के संदेशवाहक की भाषा में तो ऐसा कुछ नहीं है।

शकुनि : भाषा मात्र लिखी हुई नहीं होती। उसके हर घुमाव के पीछे एक चिंतन कार्य कर रहा होता है। उस चिंतन का स्रोत हैं भीष्म, महाबली भीष्म, जिन्होंने मेरी मेधावी और रूपवती बहन के लिए क्या श्रेष्ठ वर खोजा है। धृतराष्ट्र! जन्मांध धृतराष्ट्र···!

सुबल : लेकिन वही जन्मांध भरतवंश के राजा हैं। उस उच्च वंश परंपरा के सम्राट् के अभिभावक के नाते से गंधार के

महाराज सुबल को भेजा गया यह संदेश किसी भी तरह यह इंगित नहीं करता कि मैं यह विवाह प्रस्ताव स्वीकार कर ही लूँ।

शकुनि : यह राजा का राजा को भेजा गया संदेश नहीं है। यह तो एक अंधत्व को एक बुद्धिमती महिला के चातुर्य से जोड़ने का प्रयास है। राजनीतिक कौशल से उत्पन्न की जा रही इस स्थिति का मैं इसीलिए विरोध करता हूँ।

सुबल : तो क्या मैं अस्वीकृति का संदेश भिजवा दूँ?

शकुनि : इस संदेश की यही तो विशेषता है कि आप चाहकर भी इसे अस्वीकृत नहीं कर सकते। युद्ध की आशंका और पराजय की प्रताड़ना से बचने के लिए यही उचित होगा कि यह प्रस्ताव स्वीकार लें।

सुबल : प्रस्ताव स्वीकार कर लूँ? अपनी पुत्री को अंधे के हाथों में सौंप दूँ?

शकुनि : जी हाँ, स्वीकार लें; किंतु एक शर्त के साथ।

सुबल : शर्त···कैसी शर्त? विवाह-प्रस्ताव में भी शर्त··· ?

शकुनि : विवाह-प्रस्ताव नहीं, राजनीतिक संबंध। और इसीलिए शर्त कि गांधारी के साथ उसका भाई शकुनि भी जाएगा।

(इस संवाद के अंत के साथ ही गांधारी का प्रवेश। बीच में ही बात काटते हुए बोलती है। दोनों का ध्यान उसकी ओर जाता है।)

गांधारी : कौन जाएगा, कहाँ जाएगा? क्या किसी यात्रा-प्रसंग पर चर्चा हो रही है?

शकुनि : एक विचित्र यात्रा का प्रसंग है, वह ऐसी यात्रा, जिसके हर पड़ाव पर नई चुनौतियाँ हैं, जिसका हर मोड़ अंधा है।

गांधारी : *(प्रसन्नता से)* अच्छा···! ऐसी चुनौतीपूर्ण यात्रा पर जाना

तो बड़ा सुखद होगा। तो मैं भी तैयारी कर लूँ, पिताश्री?

सुबल : *(कुछ सोचते और चौंकते हुए)* हूँ···ठीक है। यदि तुम्हारे भ्राता का यही निर्णय है तो मुझे तुम्हारी अंधी यात्रा के लिए स्वीकृति देनी ही होगी।

गांधारी : मैं कुछ समझी नहीं। भ्राताश्री के निर्णय से मेरी यात्रा का क्या संबंध? मेरी यात्रा के लिए तो निर्णय मैं ही लूँगी।

शकुनि : हाँ, तुम ही लोगी बहन; परंतु हम तो एक कठिन यात्रा की चर्चा कर रहे थे।

गांधारी : यात्रा कितनी ही दूभर और कठिन हो, चूँकि मेरी होगी, इसलिए निर्णय मैं स्वयं ही लेना चाहूँगी।

सुबल : लेकिन इस यात्रा का निर्णय तुम्हारे हाथों में नहीं सौंपा जा सकता, पुत्री!

गांधारी : क्या गांधारी को इतना अकुशल और अपरिपक्व समझा जा रहा है कि वह कोई उचित निर्णय नहीं ले सकती?

शकुनि : प्रश्न बुद्धि-कौशल या निर्णय-क्षमता का नहीं है, बहन।

गांधारी : तो फिर कैसा प्रश्न है, जिसमें मेरे निर्णय की भूमिका ही न हो?

सुबल : प्रश्न तुम्हारे···

शकुनि : *(पिता को रोकते हुए)* तात, ये आप···

गांधारी : आप इन्हें रोक क्यों रहे हैं, भ्राताश्री?

शकुनि : कुछ निर्णयों को समय पर सुनना ही उचित होता है, गांधारी।

गांधारी : पहेलियों की भाषा मत बोलिए। स्पष्ट कीजिए, यह चर्चा किस विषय में हो रही है?

सुबल : तुम्हारे लिए विवाह-प्रस्ताव आया है, पुत्री।

गांधारी : ओह! कहाँ से?

सुबल : हस्तिनापुर से।

शकुनि : महाबली भीष्म का संदेश है।

गांधारी : उनका संदेश मेरे लिए··· ? परंतु वे तो विवाह नहीं करने की प्रतिज्ञा ले चुके हैं। क्या समय के दबाव ने उन्हें इतना लचीला बना दिया कि अपनी आयु की मर्यादा भी भूल बैठे ?

सुबल : संदेश उनका है, किंतु उनके लिए नहीं, उनके पुत्र समान भतीजे के लिए है।

गांधारी : तो इसमें इतना असहज क्या है ?

शकुनि : उनके भ्राता विचित्रवीर्य का पुत्र कुरु वंश-कुमार धृतराष्ट्र जन्मांध है और यह संदेश उसी के लिए है।

(संगीत उभरता है। एक क्षण मौन के बाद···)

गांधारी : तो यह निर्णय किसने लिया कि मुझे उनसे विवाह करना आवश्यक है ?

शकुनि : भरतवंश के प्रतापी पुरुष भीष्म ने।

गांधारी : किंतु मुझे अपने जीवनसाथी के चयन की स्वतंत्रता देने का अधिकार तो आपको है, पिताश्री। एक वंश के अधिष्ठाता ने अपने राजहित के लिए नारी के भविष्य को अंधा करने का निर्णय लिया और आप कुछ नहीं बोले ?

सुबल : भीष्म से वैर लेने का अर्थ है नाश···सर्वनाश!

गांधारी : तो आपने उनका प्रस्ताव स्वीकार कर लिया है ?

सुबल : इसके अतिरिक्त और कोई पथ भी नहीं है, पुत्री।

गांधारी : ठीक है। यदि इस चुनौतीपूर्ण यात्रा में मेरे निर्णय का कोई अर्थ शेष ही नहीं है तो अस्वीकृति को दरशाकर अपना मन आहत नहीं करूँगी। किंतु भरतवंश के महापुरुष भीष्म की इस आदेशित भाषा का प्रतिकार अवश्य करूँगी और

प्रतिकार का स्वरूप क्या होगा, यह निर्णय मेरा अपना होगा। यदि भाग्य की रेखाओं में मेरा भविष्य इसी तरह गढ़ा गया है तो मैं भी दरशाऊँगी कि कर्म की रेखा एक कठोर वचन का उत्तर किस तरह देती है।

कोरस

निर्णयों की भूमि पर, अस्तित्व का टकराव है,
देखती हैं क्षुब्ध आँखें, स्वप्न का बिखराव है।
सोचतीं आहत दिशाएँ निर्विकारी भाव है,
प्रतिज्ञा पथिक की पीड़ा का, पहला यह पड़ाव है॥

[गांधारी दूर कहीं शून्य में देखती है। इस कोरस में ही प्रकाश मंद होता है। एक प्रकाश-पुंज गांधारी पर है। उसकी आँखें कुछ सोच रही हैं। जैसे ही कोरस का स्वर धीमा होता है, पूर्ण अंधकार। यही कोरस विवाह-धुन में बदलता है। विवाह-गीतों के स्वर उभरते हैं। कुछ गंधारवासी स्त्री-पुरुष इधर-उधर व्यवस्था में भाग रहे हैं, एक-दूसरे से पूछ रहे हैं और विवाह-गीत चल रहा है।]

एक : सुना है, हस्तिनापुर तुम भी जाओगे?

दो : जब निर्णय ऐसा ही है तो जाना ही पड़ेगा।

तीन : स्वर में इतनी उदासीनता क्यों? क्या विवाह का उत्साह नहीं?

चार : हाँ, सहमति तो नहीं थी; परंतु यह सलाह भी उन्हीं की थी कि विवाह-प्रस्ताव पर स्वीकृति दे दी जाए।

एक : एक महाराज से विवाह हो रहा है, फिर भी राजकुमारी दु:खी हैं?

दो : अरे भैया! अगर विवाह होता तो सुख-दु:ख की बात सोचते भी। यह सब राज-व्यवस्था है और ये जितने राजपुरुष

और राजयुवतियाँ दिख रही हैं, ये सभी इस व्यवस्था के पुरजे हैं और पुरजे रोया नहीं करते। सीधी सी बात है, हस्तिनापुर की राजगद्दी के नेत्रहीन शासक के लिए एक सहारा चाहिए था, सो महाबली भीष्म ने राजकुमारी गांधारी को चुन लिया।

(तीसरा व्यक्ति दूसरे के मुँह में मुँह जुड़ाकर बोलता है)

तीन : तो…हस्तिनापुर की राजगद्दी के सूत्र अब राजकुमारी गांधारी के आस-पास रहेंगे?

दो : हाँ…और इसीलिए राजकुमार शकुनि भी हस्तिनापुर जा रहे हैं राजकुमारी के समर्थन के लिए। बाहर से समर्थन देकर सत्ता को बनाए रखना ही तो शकुनि की चतुराई है।

एक : देखो, कैसी विडंबना है! महाबली भीष्म के भय के कारण गंधार-नरेश को स्वीकृति देनी ही पड़ी। राजकुमार शकुनि जैसे बुद्धि-समर्थ भाई के होने पर भी राजकुमारी गांधारी को जीवनसाथी के चुनाव का अवसर नहीं मिला।

दो : चुनाव के अवसर को लेकर ही तो चिंतित हैं राजकुमार शकुनि। पर राजकुल का विवाह भी तो राजनीति ही होता है। इसीलिए राजकुमार शकुनि चिंतित होते हुए भी मुसकरा रहे हैं। एक ऐसी मुसकान, जिसे पढ़ें तो लगता है, वे कह रहे हैं—'हमने देखा, हम देख रहे हैं कि अवसर तो सदा रहता है।' अंतर यह है कि किसी के लिए अनुकूल तो किसी के लिए प्रतिकूल। जिसके लिए प्रतिकूल होता है, वे प्रतीक्षा करते हैं। इसीलिए राजकुमार शकुनि प्रतीक्षा कर रहे हैं। सत्ता के समर्थन के पीछे प्रतीक्षा की ही सोच है। राजकुमार की कूटनीति है।

एक : यह बात तो ठीक है भैया; परंतु हस्तिनापुर-नरेश अंधे हैं,

यह जानकर भी राजकुमारी ने विद्रोह नहीं किया?

चार : जिस प्रकार राजकुमार शकुनि की सोच की गहराई मापना कठिन है, वैसे ही नारी-विद्रोह की थाह पाना भी असंभव है।

तीन : तो क्या राजकुमारी विद्रोह करेंगी?

दो : इन सबके पीछे महाबली भीष्म हैं। राजकुमारी जानती हैं, उनसे विद्रोह का अर्थ है—सबका नाश। लेकिन उनकी मुद्रा से लग रहा है, वे कोई-न-कोई प्रतिकार अवश्य करेंगी। प्रतिकार का स्वरूप क्या होगा, यह तो हस्तिनापुर जाकर ही ज्ञात होगा।

(हस्तिनापुर का दृश्य। प्रतीकों से दृश्य बदलता है। वहाँ भी तैयारियाँ। नगरवासियों में चर्चा।)

एक : राजमहल जा रहे हो? वहाँ तो सारी तैयारियाँ पूर्ण हो गई होंगी।

दो : राजमहल की घटनाओं में आम आदमी को अधिक रुचि नहीं लेनी चाहिए, समझे!

एक : समझे; परंतु जब राजमहल की घटनाओं से आम आदमी को अनभिज्ञ रखा जाता है, तब राज-व्यवस्था प्रश्नों के घेरे में आ जाती है।

तीन : पता नहीं राजकुल के ये सदस्य ऐसा कठोर आवरण क्यों ओढ़ लेते हैं कि एक सामान्य आदमी झाँकना तो दूर, देख भी नहीं सकता इनके क्रियाकलापों को।

दो : अरे! विवाह के वातावरण में यह राज-व्यवस्था कहाँ ले बैठे?

एक : राजमहल में हुआ जन्म, परण और मरण भी राज-व्यवस्था का अंग होता है।

तीन : ठीक ही तो है। तुम्हीं बताओ, अगर यह केवल विवाह होता तो अकेली राजकुमारी गांधारी यहाँ रहतीं और महाराज के नेत्रहीन होने के कारण राज-व्यवस्था का संचालन स्वयं करतीं। पर सुना है (*इधर-उधर देखता है*) उनके भाई शकुनि भी वहाँ रहेंगे विशिष्ट अतिथि बनकर। तुम्हें नहीं लगता, जब ये नवेली रानी महारानी गांधारी बन जाएगी तो हस्तिनापुर की राज-व्यवस्था के क्रियाकलापों पर राजकुमार शकुनि का अंकुश स्थापित हो जाएगा।

चार : अंकुश की अवस्था अभी नहीं रहोगी। अंकुश की अवस्था तो नई पीढ़ी के आगमन से होगी। अभी तो वे प्रोत्साहित करेंगे, समर्थन करेंगे।

एक : समर्थन से ही चल रही है हस्तिनापुर की राज-व्यवस्था। अब तक गंगापुत्र भीष्म का समर्थन था और अब राजकुमार शकुनि का प्राप्त होगा। क्या फर्क पड़ता है।

दो : फर्क है। भीष्म प्रतिज्ञा के प्रतीक हैं। उन्होंने हस्तिनापुर की राज-व्यवस्था को मात्र समर्थन से नहीं, राजधर्म से चलाया है। राजधर्म निभाने के लिए उन्होंने जो भी आदेश दिए, उसका आधार सदैव जनादेश रहा। किंतु राजकुमार शकुनि के साथ राजधर्म जैसा कुछ नहीं होगा। अब हस्तिनापुर की राजसत्ता जनादेश से नहीं, समर्थन से चलेगी और किसी के स्वार्थ-समर्थन से चलनेवाली राजसत्ता का राजा या तो अंधा होता है या उसे अंधा रहना पड़ता है।

एक : तुमने देखा है राजकुमार शकुनि को?

दो : हाँ, देखा है। तुमने नहीं देखा होगा न?

एक : प्रत्यक्ष देखने की आवश्यकता भी नहीं। कल्पना कर लो। बस, स्वार्थ और विद्वेष का प्रतीक है। जब राज-व्यवस्था

में स्वार्थ और विद्वेष का प्रवेश हो जाता है, तब भीष्म जैसे सिद्धांत भी दम तोड़ने लगते हैं, अपंग हो जाते हैं।

तीन : तो शकुनि का राज-व्यवस्था में प्रवेश हुआ कैसे? कहाँ लाकर खड़ा कर दिया हस्तिनापुर को महाबली भीष्म के धर्म ने?

दो : धर्म नहीं, राजधर्म कहो।

एक : एक ही बात है। जब राजनीति धर्म में प्रवेश कर जाए तो 'राजधर्म' जैसे सुरक्षित शब्द को जन्म दे दिया जाता है।

तीन : अच्छा तो यह बताओ भैया, इन सब में राजकुमारी गांधारी की प्रतिक्रिया क्या है?

चार : एक निर्विकार भाव लिये है और यही प्रश्न सबके मन में है कि ऐसा भाव क्यों?

एक : सुना है, बहुत अधिक गुणवती हैं।

चार : इसी बात की चिंता पाले हैं महाबली भीष्म। एक तो कन्या बहुत गुणवती, उस पर नरेश के अंधत्व की कोई स्पष्ट प्रतिक्रिया भी नहीं व्यक्त की उन्होंने। फिर उनके भाई राजकुमार शकुनि के तेवर तो हस्तिनापुर में सभी की समझ से बाहर हैं।

तीन : पर यह निर्णय तो महाबाहु भीष्म का है। सब सोच-समझकर ही किया होगा उन्होंने।

दो : इसीलिए तो महाबली भीष्म क्षण-क्षण की सूचना प्राप्त कर रहे हैं।

(अँधेरा होता है। विवाह संगीत समाप्त। भीष्म अपने कक्ष में बैठे हैं, तभी एक प्रहरी का प्रवेश। दोनों के बीच वार्त्तालाप।)

प्रहरी : सूचनाएँ लेकर प्रस्तुत हूँ, पितामह!

भीष्म : बहुत कुछ हम जान चुके हैं, सुन चुके हैं और समझ भी गए हैं। कोई अतिरिक्त सूचना हो तो कहो।

प्रहरी : जी, अतिरिक्त है और अद्‌भुत भी।

(कहीं खोए-खोए से भीष्म उस प्रहरी को देखते हैं।)

प्रहरी : हस्तिनापुर के इतिहास में पहली बार ऐसा हुआ है कि आपकी सहमति के बिना कोई निर्णय ले लिया गया और निर्णय भी विलक्षण।

भीष्म : किसने और कैसा निर्णय लिया है?

प्रहरी : गंधार-राजपुत्री देवी गांधारी ने। (*भीष्म प्रहरी को देखते हैं*) जी हाँ, अपने पतिव्रत के संबंध में उन्होंने घोषणा की है कि पति के नेत्रहीन होने के कारण वे स्वयं भी नेत्र-सुख नहीं उठाएँगी। उन्होंने वस्त्र द्वारा अपने नेत्रों को बाँध लिया है। गंधारवासी स्तब्ध हैं। हस्तिनापुर चकित और राजकुमार शकुनि क्षुब्ध हैं।

(एक क्षण का सन्नाटा। प्रहरी पूछता है)

प्रहरी : मेरे लिए क्या आज्ञा है, पितामह?

भीष्म : प्रस्थान करो।

[अँधेरा होता है। भीष्म वहीं बैठे हैं। उन पर प्रकाश है। मंच के दूसरे कोने पर गांधारी बैठी हैं। उन पर भी प्रकाश है। आँखों पर पट्टी बँधी है। आभास होता है—दोनों अलग कक्ष में बैठे हैं; किंतु दोनों कुछ सोच रहे हैं और वही एक-दूसरे के प्रश्नों के उत्तर भी हैं।]

भीष्म : स्वैच्छिक अंधत्व के दृश्य ने मेरे संयम के समुद्र में अशांति की लहर उठा दी है। पतिव्रत के पालन में ऐसी प्रतिज्ञा? इसे त्याग मानूँ या चुनौती, समर्पण मानूँ या प्रतिकार? मैं अंतरतम से स्पष्ट हूँ, मोहग्रस्त भी नहीं हूँ, फिर धृतराष्ट्र के विवाह के सत्य को लेकर यह विचलन कैसा? कहीं न्याय और अन्याय के प्रश्न तो खड़े नहीं हो गए?

(अपने ही मन से बात करती हुई गांधारी कहती है।)

गांधारी : अंधत्व की स्वीकृति के बाद स्थायी अँधेरे से पहले परिचय में मेरे मन के प्रश्न आज मन में नहीं ठहरते हैं। आप तो

पितामह हैं। अपनी आत्मा को न्यायाधीश बनाइए, तब आभास होगा कि एक का सत्य दूसरे का असत्य कैसे बन जाता है। नीति और नैतिकता की परिभाषा कैसे बदल जाती है। हमारा विवाह प्रस्ताव तो नीतिगत था भी नहीं। वह तो राजनीतिगत था। और इसीलिए एक राजपुरुष पिता की आज्ञा राजपुत्री को माननी ही पड़ी। आपका तो राजधर्म था, मेरे पिता के लिए वह आदेश बन गया और उनका आदेश मेरे लिए राजधर्म बन गया। किंतु आप राजधर्म निभाने में मानव धर्म भूल गए। (*व्यंग्य से हँसते हुए, थकान भरे स्वर में*) कुरु वंश के पितामह की वंश-मोह से ग्रसित विवेक-शक्ति ऐसे ही तो निर्णय लेगी।

भीष्म : नहीं पुत्री, नहीं। रक्षा के दायित्व को वंश-मोह का नाम मत दो, गांधारी!

गांधारी : किसी की भावनाओं का हनन करके रक्षा का दायित्व निभाना वंश-मोह नहीं तो और क्या है? ऐसा मोह, जो अपने पक्ष में दायित्व-बोध का आधार लिये अपराध नहीं है। एक नारी के प्रति एक वीर का ऐसा अपराध, जिसका आभास आपको भविष्य में होगा। आपकी यह कुल-रक्षा की भावना अपनों से ही आहत होगी। आपके आदेश ने एक नारी के अधिकारों पर अतिक्रमण किया है। इसका परिणाम आपको कुरु वंश की पौध में दिखाई देगा। हस्तिनापुर की यह राजगद्दी, जिसे आपने तलवार से सुरक्षित रखा है, कहीं सुई की नोक से न नापी जाए।

भीष्म : सुरक्षित तो मैंने अपने अतीत से लेकर वर्तमान तक सबको ही रखा है। प्रतिज्ञा भी सुरक्षित है, सत्ता भी, ब्रह्मचर्य भी और वंश-वृक्ष भी सुरक्षित है। किंतु प्रतिज्ञा से सींचकर

तुमने एक ऐसा फल बनाया, जो कुरु वंशी वृक्ष पर लगकर उसका प्रतिनिधित्व करने की स्थिति में दिखने लगा है।

गांधारी : मैं जानती थी। मेरे प्रतिकार में प्रथम आप प्रतिस्पर्धा ही देखेंगे। स्वैच्छिक अंधत्व की मेरी प्रतिज्ञा आपको चुनौती तब लगेगी, जब आप अपने प्रतिज्ञा पुरुष को टटोलेंगे। एक पुरुष और वह भी प्रतिज्ञा पुरुष। उसके सामने एक स्त्री और वह भी प्रतिश्रुत स्त्री। अहंकार कोमल भावनाओं का उत्तर होगा वह, जिस पर निरुत्तर होंगे आप। निरुत्तर··· निरुत्तर··· ।

भीष्म : मैं निरुत्तर नहीं, खिन्न और लज्जित हूँ। यह नारी-पुरुष के अस्तित्व की टकराहट नहीं, यह तो अपनों के प्रति हुए अपराध का बोध है।

गांधारी : फिर तो जीना पड़ेगा आपको इस अपराध-बोध के साथ। सत्ता के सूत्र अब हस्तिनापुर-नरेश की महारानी गांधारी के आस-पास रहेंगे। आपने मेरा चयन भी इसीलिए किया था। एक राजकुमारी की महारानी बनने की यह जीवन-यात्रा है और इसमें जो कदम उठा है, वह नारी-भावना के आहत का वेग लिये उठा है। संभवत: भविष्य में मातृत्व की अनुभूति इस वेग को कम कर दे या बढ़ा भी दे। दोनों ही स्थितियों में आपकी दुविधा कम नहीं होगी। गांधारी का नारी पक्ष भले ही समय के साथ शांत हो जाए, किंतु उसका संतान पक्ष आपके इस कुल-दायित्व में कहीं अपराध का प्रतिबिंब न देख ले।

भीष्म : अपराधी तो मैं तुम्हारा हूँ, गांधारी···हूँ। किंतु जो पट्टी तुमने नेत्रों पर बाँध ली है, उससे तुम्हारा व्यक्तित्व भी ढक गया है। तुम्हें पढ़ नहीं पा रहा हूँ, समझ नहीं पा रहा

हूँ। अगर तुम्हें समझ नहीं सका गांधारी, तो यह मेरी बड़ी भूल होगी और इस भूल का मूल्य कहीं कुरु वंश को न चुकाना पड़े।

[मंच पर अँधेरा। प्रकाश के साथ नट-नटी दिखते हैं। नट भीष्मवाले स्थान पर, नटी गांधारीवाले स्थान पर। तनावपूर्ण संगीत के बीच दोनों शांत बैठे हैं।]

नट : क्या सोच रही हो?

नटी : पुरुष के कर्तव्य के बारे में सोच रही हूँ। कितनी आसानी से वह अपनी प्रतिज्ञाओं को भी कर्तव्य का रूप दे देता है और अपनी भावनाओं के संरक्षण के लिए नारी द्वारा ली गई प्रतिज्ञा को प्रतिशोध या प्रतिकार का नाम दे दिया जाता है।

नट : हूँ, तो तुम गांधारी का पक्ष ले रही हो!

नटी : प्रश्न गांधारी के पक्ष का नहीं, प्रश्न उस मूल भावना का है, जिसके कारण नारी और पुरुष की पृथक्-पृथक् पहचान है। पुरुष के खेमे में वह भावना खेल हो जाती है और वही भावना स्त्री के खेमे में साधना बन जाती है। और वो आपके भीष्म पितामह! क्या अधिकार था उन्हें गांधारी का विवाह इस तरह रचाने का? स्वयं उनके वंश में उनकी माता सत्यवती अपनी शर्तों पर विवाह करके आईं, द्रौपदी को स्वयंवर में स्वीकृति की स्वतंत्रता थी, फिर गांधारी के साथ ऐसा क्यों?

नट : जरा समझो, गांधारी के विवाह के समय राजसत्ता भी एक प्रमुख पक्ष था।

नटी : तो फिर यों कहो कि कर्तव्य जब सत्ता के लिए किया जाता है तो भावनाओं का कोई मूल्य नहीं होता।

नट : ठीक ही तो है। सत्ता भावनाओं से चल भी तो नहीं सकती।

नटी : तो फिर तुम्हारा भी भ्रम है कि सत्ता कर्तव्य से चलती है। सत्ता मिलते ही सबसे पहले तिलांजलि कर्तव्य की ही दी जाती है। सत्ता का मोह सब लील जाता है और हाथ में रह जाते हैं शब्दजाल, अलंकृत भाषा, स्वार्थ से सने समझौते तथा अपनों के हित में लिये गए निर्णय। तुम जिन पितामह की पैरवी कर रहे हो, क्या उन्होंने यह सब नहीं किया?

नट : नहीं··· । तुम अगर सिर्फ भीष्म को देखोगी तो संभवत: यही उत्तर हाथ में लिये खड़ी रहोगी। भीष्म के पीछे उस देवव्रत के दौर को आत्मसात् करना होगा। सचमुच, भीष्म को समझना आवश्यक है। भावनाओं की लहरें केवल नारी में ही नहीं चला करतीं।

(नटी थोड़ा शांत होकर विस्मय से नट को देखती है।)

नट : देवव्रत को देखना चाहोगी? *(नटी स्वीकृति में गरदन हिलाती है।)*

नट : आओ, चलते हैं भीष्म के अतीत की ओर। वहीं देवव्रत मिलेंगे।

कोरस

मानव मन के कुरुक्षेत्र में संबंधों का ध्वंस शेष है।
ब्रह्मचर्य था जिसकी शक्ति, नारी से रही सदा विरक्ति,
उसी भीष्म के हर निर्णय में, नारी का बस दंश शेष है॥
मानव मन के कुरुक्षेत्र में···

[मंच पर अँधेरा। प्रकाश आने पर राजकुमार देवव्रत और महामंत्री दिखते हैं। दोनों का वार्त्तालाप। देवव्रत अपने शस्त्र को ठीक करते हुए।]

देवव्रत : महामंत्रीजी, जो कुछ भी आप कह रहे हैं, वह स्पष्ट नहीं है और इसीलिए मैं समझ नहीं पा रहा हूँ। यहाँ तक तो

आपकी सूचना सही है कि महाराज स्वस्थ नहीं हैं। आप ही ने दी थी न यह सूचना?

महामंत्री : जो हाँ, मैंने ही दी थी यह सूचना।

देवव्रत : किंतु सूचना देते समय आप कुछ विचलित थे। महाराज के स्वास्थ्य को लेकर कुछ और भी कहना चाहते थे आप?

महामंत्री : जी हाँ, अस्वस्थ तो वे हैं ही, किंतु दिन-प्रतिदिन क्षीण और दुर्बल भी होते जा रहे हैं। फिर आप स्वयं भी तो उनसे भेंट कर चुके हैं। आप लोगों में विस्तृत वार्त्तालाप भी हुआ है। आप यह भी स्वीकार करेंगे कि महाराज के शब्द संकेत की भाषा में हो रहे होंगे। क्या आपको महाराज की अस्वस्थता कुछ असामान्य नहीं लगती, युवराज देवव्रत?

देवव्रत : हाँ महामंत्रीजी, आभास तो होता है। विचार यह भी आता है कि यह अवस्थाजन्य अस्वस्थता भी तो हो सकती है। किंतु पिताश्री अस्वस्थ होने के साथ अशांत और आशंकित भी अधिक लगे।

महामंत्री : युवावस्था में जो आवेश और आशा का भाव होता है, वृद्धावस्था में वही आशंका और अशांति का रूप ले लेता है और विशेष तौर पर यह तब होता है, जब व्यक्ति अपनी युवावस्था की कामनाओं को वृद्धावस्था तक ढोता रहता है। जीवन के अंतिम चरण में मोह दु:खों को आमंत्रण देने जैसा ही है।

देवव्रत : ठीक कह रहे हैं आप। पिताश्री मोह और दु:ख दोनों की सम्मिलित भाषा ही बोल रहे थे।

महामंत्री : मोह का कोई कारण स्पष्ट किया उन्होंने?

देवव्रत : हाँ। उनका मोह मेरे प्रति था। व्यक्त कर रहे थे कि कहीं ऐसा न हो, किसी युद्ध में मैं वीरगति को प्राप्त हो जाऊँ

और तब हमारे वंश का भविष्य क्या होगा? माँ गंगा के जाने के बाद उन्होंने विवाह भी नहीं किया। इसीलिए अपनी इकलौती संतान को लेकर चिंतित थे।

महामंत्री : अपनी चिंता की अभिव्यक्ति में इसके अतिरिक्त और कुछ नहीं कहा उन्होंने?

देवव्रत : मौन साध गए। मैंने उन्हें धैर्य दिलाया, आश्वस्त किया कि संसार में कोई शूरवीर ऐसा नहीं है, जिसके हाथों देवव्रत को वीरगति प्राप्त हो। किंतु उनकी व्यथा यथावत् ही रही। मुझे तो नहीं दिखता, क्या आपको कोई उपचार सूझता है?

महामंत्री : प्रत्येक रोग का उपचार होता है, युवराज। बस यह निश्चित हो जाना चाहिए कि रोग है क्या? मैं समझता हूँ, उचित होगा कि आप महाराज के रोग तथा स्थिति से अवगत हो जाएँ। महाराज काम-मनोभावों से ग्रसित हैं।

देवव्रत : (*क्रोध से*) महामंत्रीजी! (*थोड़ी देर बाद सामान्य होकर*) पिताश्री से जो वार्त्तालाप हुआ, उसमें उन्होंने ऐसा कुछ व्यक्त नहीं किया है।

महामंत्री : संभवतः मर्यादा के कारण। आयु की इस अवस्था में अपने वयस्क पुत्र के समक्ष कैसे व्यक्त करते अपनी पीड़ा। कहाँ तो हस्तिनापुर के राजा, भारतभूमि के चक्रवर्ती सम्राट् शांतनु, दूसरी ओर कहाँ वो…

देवव्रत : दूसरी ओर…

महामंत्री : एक धीवर कन्या, जिससे महाराज विवाह करना चाहते हैं।

(*देवव्रत महामंत्री को देखते हैं। एक क्षण की खामोशी के बाद।*)

देवव्रत : कहते रहिए, महामंत्रीजी।

महामंत्री : किंतु कन्या के पिता की अस्वीकृति के कारण इस प्रस्ताव

ने ऐसी स्थितियाँ उत्पन्न कर दी हैं। और महाराज दबाव तथा अधिकारों का दुरुपयोग नहीं करना चाहते। अब क्या उपाय होगा?

देवव्रत : हूँ··· । उपाय तो ठीक है, महामंत्रीजी, कुरु वंश की ओर से वही किया जाएगा, जो धीवर को मान्य हो।

महामंत्री : किंतु वह महाराज को मान्य नहीं।

देवव्रत : (*तेज स्वर में*) धीवर के वश में नहीं, पिताश्री के वश में नहीं···तो वह उपाय किसके वश में है?

महामंत्री : आपके वश में है, युवराज!

देवव्रत : मेरे··· ?

महामंत्री : जी हाँ, आपके। स्थितियाँ ऐसी ही निर्मित हुई हैं कि उपाय आपके वश में है।

देवव्रत : मैं सारी बात स्पष्ट और विस्तार से सुनना चाहता हूँ।

महामंत्री : युवराज, महाराज के विवाह-प्रस्ताव पर धीवर की एक शर्त है। एक शपथ चाहता है धीवर कि महाराज के ज्येष्ठ पुत्र कुरु वंश के उत्तराधिकारी न हों।

देवव्रत : (*महामंत्री को देखते हुए*) आपका मतलब··· ?

महामंत्री : हाँ युवराज, वह स्पष्ट और दृढ आश्वासन चाहता है कि धीवर कन्या से उत्पन्न संतान ही राज्य की अधिकारी रहे। और आपका राज्याधिकार से वंचित रहना महाराज को स्वीकार नहीं। स्थितियाँ आपके सामने हैं, देवव्रत। यदि आप सुलझाना चाहेंगे तो निर्णय आपके हाथ में और यदि आप निर्णय लेते हैं तो हानि आपके भाग्य में है।

देवव्रत : हूँ···तो यह द्वंद्व है पिताश्री का। (*स्वगत*) मोहग्रस्त पिताश्री··· ! मोह मुझसे या धीवर कन्या से? मुझसे मोह रहा ही कब? माँ की ममता से वंचित एक बालक जैसे-

जैसे राजकुमार देवव्रत बना, वैसे-वैसे राजकाज में व्यस्त पिता दूर और दूर होते गए। अदृश्य माँ, व्यस्त पिता और एक उदासीन बालक··· । आज एकाएक मेरे प्रति चिंतित हो गए पिताश्री!

पिता की पीड़ा व्यक्त होने लगी थी। पीड़ा एक कामिनी की या चिंता मेरे राज्याधिकार की? मैं राज्याधिकार से वंचित हो जाऊँगा, यह महाराज सोचते हैं और मैं सोचता हूँ···राज्याधिकार से उदासीन माँ के अभाव में एक सम्राट् पिता से पालित देवव्रत···यही तो चाहते थे न देवव्रत? जाना चाहते थे कहीं? इस राज्य और राजसत्ता के ताने-बाने से दूर वैराग्य चाहते थे, अंतर्मुखी होना चाहते थे? लो, अवसर मिल गया। किसी की आकांक्षा की पूर्ति, अभाव की, आश्वासन की और कामासक्त की पूर्ति तुम्हारे लिए उपलब्धि बन जाएगी, देवव्रत। वैराग्य, प्रतिज्ञा, ब्रह्मचर्य···चुनो···चुन लो। अवसर मिला है तो इसे मत जाने दो। बोलो, चुनोगे? चुनोगे युवराज देवव्रत? बोलो··· निर्णय लो।

महामंत्री : बोलिए युवराज, मेरे लिए क्या आज्ञा है?

देवव्रत : (*चौंककर*) प्रस्थान की व्यवस्था की जाए। पिताश्री का विवाह प्रस्ताव लेकर हम स्वयं दाशराज के पास जाना चाहेंगे।

[अंधकार होता है। पुनः प्रकाश में एक कुटिया के बाहर दाशराज खड़े हैं। एक-दो सेवक आस-पास। सत्यवती झाँक रही है। दाशराज-देवव्रत-महामंत्री का वार्त्तालाप।]

दाशराज : आप प्रस्ताव लेकर आए हैं कि कुरु वंश के प्रतापी राजा चक्रवर्ती सम्राट् शांतनु का विवाह मेरी पुत्री से हो। धीवर की कन्या से?

देवव्रत : हाँ दाशराज, आया तो प्रस्ताव लेकर हूँ, परंतु स्वर याचना का है। क्या आपको मान्य है ?

दाशराज : देवव्रत, आपका आभारी हूँ कि आपने मान्य-अमान्य का अवसर प्रदान किया; किंतु...

देवव्रत : किंतु-परंतु से मुक्त होकर कहिए, आप क्या अपेक्षा करते हैं ?

दाशराज : निवारण...। इसे अन्यथा न लें, युवराज। आपका दास एक कन्या का पिता भी है। इसलिए कुछ संदेहों का निवारण चाहता हूँ।

महामंत्री : संदेहों का निवारण या अपनी इच्छाओं की पूर्ति ? स्मरण रखो दाशराज, कि राजकुल की ओर से विवाह-प्रस्ताव भी राज-व्यवस्था का ही अंग होता है और जिस धरातल पर तुम हो, वहाँ खड़े होकर राजसत्ता को अतिरिक्त रूप में स्पर्श करने का प्रयास मत करना।

दाशराज : नहीं करता, महामंत्रीजी। एक सामान्य आदमी के लिए राजसत्ता का सोचना भी अपराध होता है। जानता हूँ मैं, एक लंबी अवधि के बाद और निश्चित उद्देश्य के साथ ही तो सत्ता सामान्य जन के पास आती है। और जब राजसत्ता स्वयं नीचे आकर हमारे धरातल पर याचक की मुद्रा बना ले तो सामान्यजन अपनी आकांक्षा और महत्त्व को पूरे अधिकार के साथ उपयोग करेगा। मैं अपने उसी अधिकार का उपयोग कर रहा हूँ।

महामंत्री : अपने अधिकारों की सीमा का अतिक्रमण न करो, दाशराज।

देवव्रत : महामंत्रीजी...(*रोकते हुए*) कहें दाशराज, कहें। अपने अधिकारों का उपयोग एवं संदेहों का निवारण अवश्य करें।

दाशराज : युवराज, इस विवाह से मेरी कन्या का परिधान और परिवेश

ही नहीं, अपितु संस्कार, सम्मान, संबोधन, सबकुछ परिवर्तित हो जाएगा। वह महारानी तो बन रही है, किंतु बनी रहेगी या नहीं? कहीं उसकी यात्रा धीवर कन्या से एक राजदासी तक ही न रह जाए। यही तो संदेह है कि प्रजा का एक छोटा सा हिस्सा और क्या स्थान पाएगा कुरु वंश की राजसत्ता में?

महामंत्री : यह आप क्या कह रहे हैं, दाशराज? यह कुरु वंश है। प्रजातंत्र और लोकतंत्र का सम्मान करता है यह वंश। युवराज का आपके पास प्रस्ताव लेकर आना प्रजा का सम्मान ही तो है।

दाशराज : संदेह ही तो व्यक्त कर रहा हूँ; क्योंकि प्रजातंत्र में राज करेगी प्रजा, सामान्यजन को यही स्वप्न दिखाकर दास बनाया जाता है।

देवव्रत : आप कुरु वंश की ओर से आश्वस्त रहें और विवाह-प्रस्ताव के प्रति स्पष्ट कहें। अपनी पुत्री के लिए कुरु वंश में क्या सम्मान चाहते हैं?

दाशराज : राजमाता का दर्जा।

देवव्रत : (*हँसते हुए*) कुरु वंश में विवाह होने पर उसका यह सम्मान निश्चित है।

दाशराज : किंतु उसका यह सम्मान उसकी संतानों तक भी स्थानांतरित हो। कहीं वे संतानें राजपुत्रों की जगह दासीपुत्र न कहलाएँ, मैं इसी का प्रत्यक्ष और प्रामाणिक आश्वासन चाहता हूँ।

महामंत्री : दाशराज, आभास होता है कि आश्वासनों की आड़ और संदेह-निवारण का वचन लेकर आप इस विवाह-प्रस्ताव को संबंधों की दृष्टि से नहीं, व्यापार की दृष्टि से देख रहे हैं।

दाशराज : महामंत्रीजी, राजकुल के विवाह मात्र संबंधों पर ही आधारित नहीं होते। एक व्यापारिक दृष्टिकोण भी होता है इनके पीछे।

देवव्रत : दाशराज, हमारी ओर से तो इस विवाह प्रस्ताव का आधार कर्तव्य और संबंध ही है। आपका दृष्टिकोण जो कुछ भी हो, किंतु मेरा आश्वासन यही है कि आपकी पुत्री सत्यवती का पुत्र ही कुरु वंश का उत्तराधिकारी होगा। मैं स्वयं को इससे मुक्त करता हूँ। यह मेरा वचन है।

दाशराज : आप तो सर्वथा मुक्त हैं, युवराज। आप राजपुत्र हैं। आपके वचनों को मानना ही हमारी नियति है। हम तो बाध्य हैं आपके कहे के आगे।

देवव्रत : (*ऊँचे स्वर में*) दाशराज!

दाशराज : क्षमा करें युवराज, एक पुत्री का पिता हूँ। मोहवश धृष्टता हो सकती है, किंतु…

देवव्रत : (*सहज होकर*) कहो, अब और क्या कहना चाहते हो?

दाशराज : अपने राज्याधिकारों के लिए आग्रह और दुराग्रह के संस्कार राजवंश के मूल में होते हैं। आश्वासन आपने दिया है, किंतु…

देवव्रत : किंतु क्या?

दाशराज : क्या आपकी संतानें मेरी पुत्री की संतान को राज्याधिकार से वंचित नहीं करेंगी? क्या मेरा यह संदेह व्यर्थ है? मेरे इस प्रश्न का उत्तर दें, राजपुरुष!

महामंत्री : (*आवेश में आकर*) दाशराज, क्या आप चाहते हैं कि किसी और के राज्याधिकार के संस्कार और अधिकार आज से ही समाप्त हो जाएँ?

दाशराज : जी, अवश्य। इस परिस्थिति में एक पुत्री का पिता और चाहेगा भी क्या?

देवव्रत : तो सुनो दाशराज, मैं देवव्रत, आज प्रकृति को साक्षी मानकर प्रतिज्ञित होता हूँ कि मैं आजीवन अविवाहित रहूँगा, अखंड ब्रह्मचर्य का पालन करूँगा। आज से देवव्रत के लिए स्त्रीमात्र मातृ-तुल्य होगी। यह मेरी प्रतिज्ञा है।

महामंत्री : (*आश्चर्य से*) यह आपने क्या किया, युवराज?

दाशराज : आप धन्य हैं, गंगानंदन। यमुना तट पर ली गई इस प्रतिज्ञा के लिए मैं आपको प्रणाम करता हूँ। आपके प्रतिज्ञा-पथ से ही मेरी सत्यवती कुरु वंश में प्रवेश करेगी।

[अंधकार होता है, पुनः प्रकाश आता है। देवव्रत वहीं खड़े हैं, जहाँ पहले खड़े थे। दाशराज की जगह शांतनु खड़े दिखते हैं।]

शांतनु : पुत्र देवव्रत, मुझे सारी सूचनाएँ प्राप्त हो चुकी हैं। यह कैसा निर्णय कर डाला तुमने? पुत्रधर्म निभाने में स्वयं के प्रति इतने तटस्थ हो गए? तुम्हारे निर्णयों के दूरगामी परिणाम होंगे कुरु वंश की राजसत्ता पर। क्या विचार करके तुमने ऐसा निर्णय कर लिया?

देवव्रत : पिताजी, मैंने तो मात्र पुत्रधर्म का पालन ही किया है और इस धर्म को निभाकर मुझे बहुत शांति उपलब्ध हो रही है। मुक्त हो गया हूँ मैं सारे दायित्वों से।

शांतनु : नहीं पुत्र, नहीं। राजधर्म के कर्तव्यों से मुक्त होकर शांति उपलब्ध नहीं हो सकती। जीवन रहते उसके दायित्वों से कौन मुक्त हो सकता है, कुछ-न-कुछ अवश्य शेष रह जाता है। और वह शेष क्या है, इसका निर्णय करने के लिए सारा जीवन भी कम पड़ जाता है।

देवव्रत : पिताश्री, किसी के निकट जाने के लिए किसी से दूर जाना ही पड़ता है। मैंने राजकाज, घर-गृहस्थी, संतान-दांपत्य सबसे दूरी बनाई। वैराग्य की निकटता अब ही तो उपलब्ध होगी।

शांतनु : स्वधर्म से दूर हटकर वैराग्य की निकटता नहीं मिल सकती, पुत्र। तुम्हारा निर्णय तो अब आशीर्वाद योग्य है, टिप्पणी करने योग्य नहीं। किंतु इतना जरूर कहूँगा पुत्र, कि स्वधर्म से च्युत मत होओ। स्वधर्म-पालन में उदासीनता मात्र एक मृगतृष्णा ही होगी। क्षत्रिय धर्म का पालन करो; राजपुरुष हो, राजधर्म का पालन करो। त्यागना हो तो राजनीति त्यागो, राजधर्म मत त्यागो।

देवव्रत : नहीं पिताश्री, नहीं। मैं बहुत दूर चला गया हूँ। अब वहाँ से लौटना असंभव है।

शांतनु : दूर तो क्या पहुँचे देवव्रत, अभी तो चले भी नहीं हो। मात्र आधार बदला है, दिशा नहीं। सत्यवती की संतानें भले ही राज्याधिकार प्राप्त करेंगी, परंतु इसके सृजक, रक्षक और सचेतक तुम ही होगे। अपनी प्रतिज्ञा पर पुनर्विचार कर सकते हो तो कर लो।

देवव्रत : नहीं पिताश्री, नहीं। प्रतिज्ञाएँ पालन के लिए होती हैं, पुनर्विचार के लिए नहीं। मैं प्रतिश्रुत हूँ और रहूँगा। आप तो आशीर्वाद दीजिए।

शांतनु : देव, तुमने असंभव को संभव कर दिखाया है। इस महान् कार्य के लिए मैं तुम्हें इच्छा-मृत्यु का वरदान देता हूँ। इतिहास में तुम ऐसे दाता के नाम से जाने जाओगे, जिसके सामने सारा संसार याचक स्वरूप हो जाएगा। कुरु वंश के सारे सूत्र सिमटकर तुम्हारी शरण में आ गए आज। संसार में तुम प्रतिज्ञा-प्रतीक 'भीष्म' के नाम से जाने जाओगे। भीष्म, सदैव सुखी रहो, चिरंजीव रहो, सर्वश्रेष्ठ रहो⋯।

(भीष्म⋯भीष्म⋯भीष्म की आवाजें)

कोरस

मानव मन के कुरुक्षेत्र में
बह्मचर्य के मरुस्थल में
रही न कोई इच्छाएँ शेष,
बचपन से ही तीर सह रहा
रक्त नहीं बस घाव शेष हैं॥

मानव मन के कुरुक्षेत्र…

[कोरस समाप्त होने पर अँधेरा होता है, उसके पश्चात् प्रकाश उभरता है तो सत्यवती और देवव्रत चर्चारत दिखाई देते हैं।]

नोट : यहाँ से कहानी में एकदम से गिराव आ रहा है। इस बीच जो स्थितियाँ निर्मित हुईं, भूमिका के रूप में उनका वर्णन होना चाहिए।

भीष्म : यह आप क्या कह रही हैं, माता? मैंने कुरु वंश की राजगद्दी पर विचित्रवीर्य को बैठाकर उसे पूरा संरक्षण दिया है। यह भीष्म का वचन है कि विचित्रवीर्य की संतानें राज करेंगी और हस्तिनापुर के शासक का संरक्षण करना भीष्म का धर्म है।

सत्यवती : धर्म तो भीष्म, तुम तब निभाओगे, जब हस्तिनापुर का कोई शासक होगा। मेरे दोनों पुत्र चित्रांगद और विचित्रवीर्य संसार से चले गए और हस्तिनापुर की गद्दी सूनी रही। तुम प्रतिज्ञाबद्ध हो कि राजगद्दी नहीं सँभालोगे, तो क्या महाराज शांतनु का वंश ऐसे ही विलीन हो जाएगा? अब तो तुम ही हो, जो वंश बचा सकते हो।

भीष्म : आज्ञा दीजिए, माता।

सत्यवती : ऋषियों द्वारा अनुमोदित और एक प्राचीन प्रथा का पालन

करते हुए अंबिका और अंबालिका से नियोग करो।

भीष्म : नहीं माता, नहीं। विचित्रवीर्य की ये दोनों पत्नियाँ मेरे लिए पुत्रियों के समान हैं। ऐसे असंभव के लिए आज्ञा न दें। माता मुझे क्षमा करें, यह प्रथम अवसर है कि आपका यह पुत्र आपकी आज्ञा का पालन करने में असमर्थ है।

(सत्यवती यह सुनकर रुआँसी हो जाती है।)

सत्यवती : (*आँखें बंद कर गहरी साँस लेते हुए*) पुत्र भीष्म, आज वंश-रक्षा के लिए मैं अपना एक अपराध व्यक्त करना चाहती हूँ। क्षमा तुम्हें नहीं, मुझे माँगनी चाहिए तुमसे। तुम तो मेरे वह अनुशासित पुत्र हो, जो मेरे कौमार्य-दोष को अवश्य क्षमा कर दोगे। सुनो भीष्म, मैं अपनी कुमार अवस्था में यमुना नदी पर धर्मार्थ नाव चलाया करती थी। एक दिन महर्षि पराशर मेरी नाव में विराजे। वे काम-पीड़ित हो गए। उन्हीं के द्वारा गर्भस्थ शिशु को मैंने वहीं यमुना के द्वीप में त्याग दिया। द्वैपायन के नाम से ख्यात वही महर्षि व्यास मेरे और महर्षि पराशर के पुत्र हैं। पुत्र नियोग के लिए व्यास को उपयुक्त समझो। मैं मानती हूँ, हम चंद्रवंशी हैं और व्यास सूर्यवंशी; किंतु इस समय वंश का विचार मत करो। इन वंशों का मिश्रण ही कुरु वंश को आधार देगा। राजगद्दी के लिए विचार में व्यापकता लाओ, भीष्म। मेरे कौमार्य-दोष पर अपने चिंतन को मत रोको। मुझे क्षमा करो पुत्र, क्षमा कर दो मेरे कौमार्य-दोष को।

[सुनकर भीष्म स्तब्ध रह जाते हैं। सत्यवती सिसकने लगती है। अँधेरे के पश्चात् जब प्रकाश पुनः मंच पर आता है तो भीष्म वहीं खड़े हैं, जहाँ गांधारी के विवाह का दृश्य सोच रहे थे।]

भीष्म : (*स्वगत*) माता, आपके कौमार्य-दोष की स्वीकृति कुरु वंश के कलंक को नहीं धो पाएगी। मैं तो अपने दुःख और विषाद को अपने कर्तव्य के आवरण से ढक लूँगा। मैं तो प्रतिज्ञाओं से बँधा हूँ, मातृत्व की इस प्रतिमा को खंडित होते देखकर भी स्थिर रह लूँगा; किंतु मेरी प्रतिज्ञाएँ, कुल, रक्षा के मेरे कर्तव्य आनेवाली संतानों का आंतरिक रूपांतरण नहीं कर सकेंगे। पूर्वजों के दोष कहीं-न-कहीं उनके कर्मों में अवश्य व्यक्त होंगे।

(दृश्य बदलता है। यह भीष्म धीरे-धीरे उस शर-शय्या के निकट आता है। वापस उसमें से आवाज आती है।)

शरशय्या (देह) : बहुत थक गए। माता सत्यवती के रहस्योद्घाटन ने निष्ठा और मर्यादा पर बहुत तीखा प्रहार किया है। देवव्रत या भीष्म… ?

भीष्म (आत्मा) : हाँ, यहीं से तो आरंभ हुआ था देवव्रत के आत्मदान और भीष्म के अभ्युदय का। उस दिन माता सत्यवती की वाणी के प्रहारों ने मातृत्व की निष्ठा और सामाजिक मर्यादा का नया संघर्ष खड़ा कर दिया था। संघर्ष—भीतर भी, बाहर भी। सभी दूर संघर्ष…। कोई मुक्ति नहीं इससे। कहीं मुक्ति नहीं इसमें। हाँ, उनके निकट एक शीतलता है, अनंत शीतलता। एक वे ही तो हैं, जो मेरे निर्णय का सही आकलन कर सकते हैं। वासुदेव, बस वासुदेव। कुरु वंश के उत्थान-पतन का सत्य विश्लेषण वासुदेव की वाणी ही कर सकती है। हाँ, बस एक ये ही हैं।

[मंच पर अँधेरा होता है। धीरे-धीरे जब प्रकाश आता है तो कृष्ण और द्रौपदी दिखाई देते हैं।]

द्रौपदी : एक आप ही तो हैं मधुसूदन, जो द्रौपदी की पीड़ा को

समझ सकते हैं। आज आप पांडवों की ओर से शांतिदूत बनकर जा रहे हैं, किंतु क्या युद्ध न होने से वे सारे अपमान सम्मान में बदल जाएँगे? किए गए सारे अत्याचार क्या क्षमा-योग्य हो जाएँगे? सुनिए, जिसने मेरी आत्मा पर चीर-हरण की काली छाया छोड़ी है, कुरु वंश के वृक्ष का वह भाग ध्वस्त चाहिए।

कृष्ण : पांचाली, कुरु वंश इतना दुर्बल नहीं है कि एक स्त्री के क्रोध के वेग से ध्वस्त हो जाए। वह महाबली भीष्म की प्रतिज्ञाओं और कर्तव्यों से सुरक्षित है। युद्ध के उद्‍घोष में गंगापुत्र भीष्म की स्वीकृति के महत्त्व को विस्मृत नहीं किया जा सकता।

द्रौपदी : जिन पितामह के महत्त्व को विस्मृत करने को आप कह रहे हैं, वे कितना स्मरण रख सके? उन्होंने तो वह सब विस्मृत कर दिया, जो उन्हें नहीं करना चाहिए था। आप सोचते हैं, युद्ध में हमारा विरोध करेंगे? हाँ, अब तो वे अवश्य विरोध करेंगे। कृष्ण, आप ही तो कहा करते थे कि राजपुरुष में यदि विरोध की वृत्ति समाप्त हो जाए तो राजसत्ता के लिए परिणाम घातक होंगे। किंतु उस समय कुरु वंश श्रेष्ठ पितामह का विरोध कहाँ गया था, जब उनकी कुलवधु अपनी लाज की भीख माँग रही थी? जिस वंश-वृक्ष को आप उनसे सुरक्षित बता रहे हैं, उसकी जड़ें तो उन्हीं की प्रतिज्ञा के प्रहार से उखड़ रही हैं। विरोध की वृत्ति और उसके पीछे का दायित्व-बोध मुझे तो दोनों ही लुप्त दिखते हैं कुलनायक पितामह में।

कृष्ण : (*हँसते हुए*) कुलनायक होना बहुत कठिन है, द्रौपदी। जो इसको जीता है, वही जानता है कि उसका हर निर्णय

कर्तव्य और भावनाओं की कसौटी पर कैसे तुलता है। हस्तिनापुर की राजसत्ता वर्षों तक सुरक्षित रखना सामान्य घटना नहीं है। सत्ता शब्दों के कोरे जाल से नहीं बचाई जा सकती। इसे तो ढाल चाहिए, कर्मों की ढाल।

द्रौपदी : फिर वह चाहे मानवीय भावनाओं को तिलांजलि देते हुए कुकर्म की ही ढाल क्यों न हो?

कृष्ण : नहीं कृष्णे, नहीं। कोरे दृश्य देखकर और सुनकर किसी के कर्मों को कुकर्म मान लेना उचित नहीं है। एक ही व्यक्ति के जब अपने ही दो अस्तित्व में समानता का व्यवहार हो, तब उससे कुकर्म की अपेक्षा हो ही नहीं सकती। सोचो पांचाली, जो व्यक्ति अपने अस्तित्व की समस्त शक्ति जोड़कर अपनी ही आत्मा से जूझता रहे, वह देवव्रत से लेकर भीष्म तक सम्मान-ही-सम्मान पाने का अधिकारी है।

द्रौपदी : तो जो व्यक्ति सम्मान पाने के इतने ही अधिकारी हैं, फिर वे अपनी उपस्थिति में मेरा सम्मान सुरक्षित क्यों नहीं रख सके? सिद्धांतों का वह कौन सा बोझ था, जिससे उनके नेत्र झुक गए? आदेशों की वह कौन सी स्थिति थी कि अर्धनग्न कुलवधु प्रदर्शन की वस्तु बन गई? जो मात्र पारिवारिक संबंध की प्रतिज्ञा तक न साध सके, वे मानवीय संबंधों के आदर्श वाक्यों में प्रतिश्रुत होने का गौरव लिये बैठे हैं!

कृष्ण : *(हँसते हुए)* पांचाली, आवेश में आरोप तो भारी हो जाते हैं, किंतु सत्य हल्का हो जाता है। किसी श्रेष्ठ व्यक्तित्व की प्रतिमा को मात्र घटना के प्रहार से खंडित नहीं किया जा सकता। व्यक्ति होना तो स्वयं में ही बहुत बड़ी घटना

है। पूरे मनुष्य को यदि देखें तो वह मात्र वर्तमान नहीं होता। एक अतीत, एक भविष्य सम्मिलित है उसमें। किसी एक कर्म से पूरे व्यक्तित्व का निर्णय लेना उचित नहीं। धुरी पर खड़े होकर केंद्र में झाँका जा सकता है, समझा नहीं जा सकता। तुम तो धुरी पर खड़ी हो, पांचाली। नारी सम्मान और अपमान के शब्दघोष लेकर तुम भी उस धुरी पर वैसे ही खड़ी हो, जैसे अंबा खड़ी थी।

[अंधकार के बाद प्रकाश आता है। अंबा खड़ी कुछ सोचते हुए भीष्म की प्रतीक्षा कर रही है। टहलने लगती है, फिर स्वगत ही कहती है।]

अंबा : कब से खड़ी हूँ जीवन-पथ के इस मोड़ पर। न पीछे मार्ग है, न सामने गंतव्य। हम तीनों बहनों को हरकर तो तुम ले आए। अंबिका और अंबालिका को तो विचित्रवीर्य की भार्या बना लिया, किंतु मेरा भविष्य अब भी अनिर्णीत है। आपने तो मेरे निवेदन का पूरा सम्मान किया भीष्म, परंतु शाल्व ने मुझे अपमानित कर दिया। अब अंबा शाल्व देश और हस्तिनापुर के मध्य याचक बनकर भटक रही है। आपसे न्याय की अपेक्षा है।

(भीष्म का प्रवेश होता है। अंबा कुछ सोच रही है। भीष्म उसे देखते हैं और निकट आकर कहते हैं।)

भीष्म : क्षमा करें देवी, आपको प्रतीक्षा करनी पड़ी।

अंबा : अब तो प्रतीक्षा करना ही मेरी नियति हो गई। मैं महाराज शाल्व के पास से पुनः अस्वीकृत होकर लौटी हूँ।

भीष्म : क्यों··· ? आपने स्वेच्छा से कहा था कि आप शाल्व का हृदय से वरण कर चुकी हैं। धर्मानुसार आचरण कर मैंने आपको ससम्मान वहाँ भिजवाया था।

अंबा : किंतु शाल्व ने मेरे साथ आशा के विपरीत आचरण

किया। उन्होंने मुझे इसलिए अस्वीकृत कर दिया कि वे मुझे आपके द्वारा विजित मानते हैं। मैं त्याग दी गई हूँ आर्य, त्याग दी गई हूँ। (*रोने लगती है*)

भीष्म : धैर्य रखें देवी, धैर्य रखें। अब कहें, आप मुझसे क्या अपेक्षा रखती हैं?

अंबा : न्याय की···और न्याय में आपकी पत्नी की अभिलाषा रखती हूँ।

भीष्म : (*कुछ ऊँचे स्वर में*) अंबा!

(*अंबा उन्हें देखती है। उत्तर देने में उसका भी स्वर ऊँचा हो जाता है।*)

अंबा : क्यों? क्या मैं न्याय पाने की अधिकारी नहीं?

भीष्म : न्याय तो अवश्य करना चाहता हूँ अंबा, किंतु जिस बिंदु पर तुम न्याय माँग रही हो, वह मेरी प्रतिज्ञाओं के साथ अन्याय होगा। मैं अविवाहित रहने के लिए वचनबद्ध हूँ।

अंबा : नहीं आर्य, नहीं। इतने निर्मम न होओ। अपने अंतर्मन में प्रवेश कर अपनी कोमल भावनाओं को स्पर्श करके देखो। इस आयु में किसी के प्रेम-समर्पण के समक्ष ये भावनाएँ कैसे बाधा बन सकती हैं? अंबा आपके समक्ष निवेदित है।

भीष्म : यह क्या कह रही हो, देवी? मेरे आदर्श, सिद्धांत, कर्तव्य और प्रतिज्ञा पर ध्यान देते हुए ऐसा अनुचित निवेदन न करो।

अंबा : (*क्रोध में आ जाती है*) इन शब्दों की ओट लेकर मुझे न्याय से वंचित नहीं कर सकते। परिहास कर रहे हो तुम मेरा। बहुत अपमानित हुई हूँ मैं तुम्हारी प्रतिज्ञा और शाल्वराज की अस्वीकृति के बीच। नहीं भीष्म, नहीं।

तुमने मेरे सुख को मरीचिका बना दिया है। तुम्हारे कारण अंबा तिरस्कृत हो गई है। तुम्हारे कर्तव्य से पीड़ित नारी का यह प्रतिशोध तुम्हें विचलित कर देगा।

भीष्म : तर्क की शिला पटक देने से उसके बोझ तले कर्तव्य-बोध विचलित नहीं होता। आघात सहना ही भीष्मत्व है। मुझे स्वीकार है तुम्हारा प्रतिशोध। अब तुम स्वतंत्र हो प्रस्थान और प्रतिशोध के लिए।

अंबा : मेरे प्रस्थान से यह न समझ लेना कि अंबा तुम्हारे जीवन से भी चली जाएगी। अब मेरा हर पग तुम्हारे प्रतिशोध में उठेगा और हर क्षण तुम्हारे पतन की सोच में बीतेगा, भीष्म। अंबा को कभी विस्मृत मत करना। अंबा न्याय के लिए संघर्ष करेगी। जब तक तुम्हारा जीवन है, तब तक अंबा का संघर्ष जारी रहेगा। अब मैं और तुम जब भी सामने होंगे, युद्ध की मुद्रा में होंगे।

भीष्म : युद्ध? भीष्म को युद्ध से कोई पलायन नहीं, किंतु एक स्त्री से? देवी, तुमसे तो मैं वाक्युद्ध भी नहीं करना चाहता। तुम्हारे साथ युद्ध की कल्पना नारीत्व का अपमान होगा एक बलशाली के लिए।

अंबा : यह न समझना भीष्म, कि संसार में तुम ही एक बलशाली हो। मेरा प्रतिशोध तुम्हें तुम्हारे गुरु के समक्ष भी खड़ा कर सकता है। जब उनके प्रति तुम आयुध उठाओगे तो तुम्हें भविष्य के महासंग्राम के शंखनाद सुनाई देंगे। एक ऐसा महासंग्राम, जहाँ अपनों के सामने अपने ही होंगे और जब युद्ध अपनों में होता है तो आदर, सम्मान, विनम्रता सब आयुध की भेंट चढ़ जाते हैं।

भीष्म : जब योद्धा आयुध हाथ में लेता है तो वह इस बात की चिंता छोड़ देता है कि इसकी भेंट किसे चढ़ाना है और

मैं जब भी आयुध उठाऊँगा, अपने आदर्शों की रक्षा के लिए ही उठाऊँगा।

अंबा : जिन आदर्शों के लिए तुम मुझे अस्वीकार कर रहे हो, एक दिन सब प्रश्न बनकर खड़े हो जाएँगे तुम्हारे सामने। उस दिन तुम देखोगे कि गुरुत्व के समक्ष शिष्यत्व खड़ा होगा, सम्मान के समक्ष उद्दंडता खड़ी होगी, समर्पण के समक्ष विद्रोह, अपनत्व के समक्ष वैमनस्य खड़ा होगा। तब तुम देखना भीष्म, वहीं कहीं अंबा भी खड़ी दिखाई देगी और उस दिन तुम देखोगे मेरे प्रतिशोध और अपनी प्रतिज्ञाओं के परिणाम।

कोरस

प्रतिशोध के कुरुक्षेत्र में
चलती युद्ध की भाषा है,
शस्त्र बने सिद्धांत यहाँ पर
प्राण नहीं बस बाण शेष है॥

मानव मन के…

[युद्ध का वर्णन करते हुए गीत, मार-काट की ध्वनियाँ सुनाई देती हैं। गीत की धुन धीरे-धीरे कम होती है, किंतु पार्श्व से युद्ध की ध्वनि आती रहती है। युद्ध का दृश्य आलोकन द्वारा स्थापित होता है। मंच पर शिखंडी। कभी प्रकाश शिखंडी पर गिरता है तो कभी अंबा पर। भीष्म समझ जाते हैं कि शिखंडी ही अंबा है।]

शिखंडी : कुछ स्मरण आया?

भीष्म : शिखंडी… ?

(एक हँसी उभरती है। शिखंडी से प्रकाश हटकर अंबा पर केंद्रित होता है।)

अंबा : (*हँसती है*) हा-हा-हा…। शिखंडी नहीं, अंब-आहत

अंबा। अंबा के प्रतिशोध का प्रतिबिंब है यह।

(प्रकाश अंबा से हटकर शिखंडी पर आता है।)

शिखंडी : महाबली भीष्म के अस्तित्व को समाप्त करने का सृजन इसी प्रतिशोध से किया है।

(प्रकाश शिखंडी से हटकर अंबा पर आता है।)

अंबा : क्या कहते हो भीष्म, अब?

भीष्म : स्वागत है। मेरे लिए अब यह सुख-दुःख समेटे मात्र एक मांसपिंड की चुनौती नहीं है।

अंबा : ठीक कहते हो, चुनौती है भी नहीं यह। यह तो परिणाम है, अंतिम परिणाम!

(अंबा हँसती हुई पार्श्व में चली जाती है। प्रकाश भीष्म पर।)

भीष्म : स्वागत है। जीवन के इस सबसे बड़े सत्य से साक्षात्कार कराने का माध्यम हो तुम। स्वागत है तुम्हारा, स्वागत है!

(शिखंडी और भीष्म आमने-सामने।)

शिखंडी : तो, लीजिए''सहिए अब शिखंडी के तीरों को।

(शिखंडी तीर चला रही है। भीष्म खड़े हैं, सहन कर रहे हैं। पार्श्व से अर्जुन और कृष्ण की आवाजें आ रही हैं। युद्ध का संगीत और कोलाहल निरंतर'')

अर्जुन : माधव, यह क्या? पितामह ने शस्त्र छोड़ रखे हैं और शिखंडी प्रहार किए जा रहा है।

शिखंडी : (*स्वगत*) अर्जुन, आज मेरे बाण नहीं रुकेंगे। मेरे जीवन ने बहुत प्रहार सहे हैं इनके। सारा जीवन बिताया है मैंने भीष्मांत की प्रतीक्षा में।

कृष्ण : (*पार्श्व से*) अर्जुन, गांडीव पर तीर चढ़ाने का समय है यह।

अर्जुन : (*पार्श्व से*) माधव, यह कैसा आदेश दे रहे हैं आप?

कृष्ण : अपनी प्रतिज्ञा पूरी करो, अर्जुन! भीष्म-वध तुम्हारी प्रतिज्ञा है। इतिहास को यह कहने का अवसर न दो कि एक महाबली की मृत्यु एक नपुंसक के हाथों हुई। गांडीव उठाओ अर्जुन, यही तुम्हारा धर्म है।

[पार्श्व से तीर निकलते हैं। भीष्म एक-एक तीर को शरीर पर सहते हैं। लड़खड़ाते हुए धीरे-धीरे शर-शय्या की ओर बढ़ते हैं और यह आत्मा भीष्म शर-शय्या पर लेटे देह भीष्म के पीछे जाकर लुप्त हो जाती है। संगीत उभरता है। अँधेरे के पश्चात् मध्यम प्रकाश। उसमें वैसा ही पहलेवाला दृश्य, भीष्म शर-शय्या पर। चार लेवल पर चार स्त्रियाँ खड़ी हैं, उन पर भी हल्का प्रकाश। शर-शय्या के निकट कृष्ण खड़े हैं। शर-शय्या से आवाज आती है। इस बीच पार्श्व में स्त्रियाँ प्रस्थान कर जाती हैं।]

भीष्म : मधुसूदन, देख रहे हैं आप¨ ? ऐसी स्थिति की तो कल्पना भी नहीं की थी मैंने। अपनी प्रतिज्ञाओं का आधार लेते हुए कुरु वंश की रचना में कहाँ भूल हुई मुझसे?

कृष्ण : (*हँसते हुए*) सबसे बड़ी भूल तो यह हुई कि प्रतिज्ञा निभाने में आप अधर्म का समर्थन कर बैठे। मनुष्य को तो उस समय अत्यंत सावधान रहना चाहिए, जब उसके निर्णय नीति का रूप ले रहे हों। फिर आपके निर्णय तो इतने महत्त्वपूर्ण थे कि एक ही समय में कुरु राजसत्ता और वंश दोनों को प्रभावित कर रहे थे।

भीष्म : किंतु मधुसूदन, यह क्या हुआ? न सत्ता संयमित रही, न वंश सुरक्षित रहा। तीसरी पीढ़ी में आकर विवशता और अपमान असहनीय हो गए।

कृष्ण : गांगेय, जहाँ तक सत्ता का प्रश्न है, वह तो कभी सार्वकालिक रह नहीं सकती—और वंश की पीड़ा उठाना तो आपकी नियति थी। निर्णय की बात की जाए तो पीढ़ियों का अंतर अपना परिणाम देगा ही। निर्णय, जो

एक पीढ़ी में हित लिये लगते हैं, वे ही दूसरी पीढ़ी में अहित के लगने लगते हैं।

भीष्म : ठीक कह रहे हैं, वासुदेव! अहित की इस अनुभूति को ही इन स्त्रियों ने आक्रोश के रूप में व्यक्त किया। जीवन के इस अंतिम पड़ाव में दोष और निर्दोष का आकलन भी बोझ लगने लगता है। पर यह कैसे संभव है कि माता सत्यवती, काशी-नरेश कन्या अंबा, पुत्रवधु गांधारी और पौत्रवधु द्रौपदी के दु:खों के पीछे कारण मात्र मेरे ही निर्णय रहे हों। इसमें कहीं-न-कहीं इनके अपने कर्मों का योगदान भी अवश्य रहा होगा।

कृष्ण : निश्चित गंगापुत्र, निश्चित! प्रत्येक का जीवन अपने कर्मों के योगदान पर ही खड़ा रहा है।

भीष्म : तो फिर सारे प्रहार मेरी प्रतिज्ञाओं और निर्णयों पर ही क्यों? कुरु वंश के प्रथम काल के निर्णयों में तो माता सत्यवती भी मेरे साथ थीं। संयुक्त निर्णयों की स्थिति से निर्मित परिणामों पर वे पृथक्ता चाहती थीं। कैसा विरोधाभास था। अंबा के प्रकरण में उन्होंने मेरे ब्रह्मचर्य का समर्थन किया और अंबिका व अंबालिका से नियोग के प्रस्ताव पर उनके लिए मेरा ब्रह्मचर्य महत्त्वहीन हो गया। अपने हितार्थ दूसरों की प्रतिज्ञाएँ कितनी गौण हो जाती हैं वासुदेव, कितनी गौण हो जाती हैं!

अंबा तो अकारण ही आक्रोश व्यक्त करती रही। अस्वीकृति शाल्व की और आग्रह देवव्रत से? व्यर्थ रहा सब। गंधार-नरेश को तो मैंने मात्र संदेश भेजा था, अपने भय से उन्होंने आदेश माना। यदि धृतराष्ट्र के विवाह प्रस्ताव के पीछे मेरे राजधर्म में वे वंशमोह देखते थे तो गंधार

राजकुमार शकुनि ने हस्तिनापुर में रहकर क्या किया? वह भी वंश–मोह था एक विकृत वंश–मोह, शकुनि और गांधारी दोनों का। द्रौपदी के साथ हुए अन्याय से तो जितनी विचलित वह स्वयं है, उतना ही पीड़ित मैं भी हूँ। सचमुच उस दिन आभास हुआ था कि प्रतिज्ञाएँ मनुष्य को कैसे असमर्थ बना देती हैं।

कृष्ण : (*हँसते हुए*) गंगापुत्र, यह आप अपने पक्ष में तर्क दे रहे हैं या स्थिति का विश्लेषण कर रहे हैं?

भीष्म : इस स्थिति में मेरे लिए दोनों में कोई अंतर नहीं, वासुदेव।

कृष्ण : अंतर है गंगापुत्र, अंतर है। यदि आप स्थिति का विश्लेषण ही कर रहे हैं तो यह निर्णय समय पर छोड़ दीजिए कि कौन कितना दोषी है। किंतु यदि आप अपना पक्ष रख रहे हैं तो दूसरे को दोषी दरशाने में इतने तर्क और उदाहरण देने होंगे कि उसके लिए एक जन्म और भी कम रहेगा।

भीष्म : अब पुनर्जन्म की कोई अभिलाषा नहीं, वासुदेव। अब तो देह से मुक्त होने का अवसर आ गया है। आज जब सारा जीवन मानस पर चित्रित होता रहा, तब उन मृदु भावनाओं के वध का भी विचार आता रहा। क्यों ऐसा हुआ?···मेरा ब्रह्मचर्य जीवन तो राजधर्म पर आधारित था। यह भी सत्य है वासुदेव, कि मेरी धवल कीर्ति पर नारियों के लांछन नहीं लगे, किंतु उनके प्रश्नचिह्न अवश्य छूट गए। उत्तर होते हुए भी मैं निरुत्तर रहा। मैंने सदैव स्मरण रखा कृष्ण, कि मनुष्य का एक नाम मन का विस्तार भी है और इससे मैं बचा भी। अपनी प्रतिज्ञाओं को सदैव निभाया है। उन्हें तर्क की कसौटी से कभी नहीं तौला। क्या सचमुच ये मेरे ही निर्णयों के परिणाम हैं, मधुसूदन?

कृष्ण : (*एक गहरी साँस लेते हुए मुसकराकर*) गंगापुत्र, जब कोई प्रतिज्ञा-पुरुष अधिक समय तक अनिर्णय की स्थिति में जीता है, तब वह अपने ही प्रहारों से आहत हो जाता है। आप प्रतिज्ञाओं में बँधकर निर्णय से अधिक अनिर्णय की स्थिति में जीए। आपने हस्तिनापुर की राजगद्दी को सुरक्षित तो रखा, किंतु राजसत्ता के आस-पास के वातावरण को रूपांतरित करने का प्रयास नहीं किया, क्योंकि आप प्रतिज्ञाओं से बँधे थे। कैसी प्रतिज्ञाएँ... ? जब आप जैसा महापुरुष प्रतिज्ञाओं को स्पष्ट परिभाषित नहीं कर पाता है, तब उन्हें प्रमाण मानकर ही सामान्य जन अपने हठ को भी प्रतिज्ञा का रूप दे देता है। गांगेय, प्रतिज्ञा-पुरुष को तो कर्तव्य और भावनाओं के मध्यम मार्ग में जीने की कला आनी चाहिए। अन्यथा किसी का कर्तव्य-बोध किसी की मृदु भावनाओं का वध करता ही रहेगा। जीवन के ये दो सुंदर मूल्य टकरा-टकराकर प्रश्नचिह्नों की ध्वनि उत्पन्न करते ही रहेंगे। सदैव सजग रहना चाहिए कि प्रतिज्ञा मनुष्य को कहीं रोक न दे, शपथ व्यक्तित्व को बाँध न दे और इसीलिए एक ऐसा नैतिक व स्पंदित मार्ग निर्मित रखें कि जिस पर हम अपनी इन शपथों और प्रतिज्ञाओं के सत्य को भविष्य की ओर प्रशस्त कर सकें।

(मंच पर धीरे-धीरे अँधेरा और पुनः प्रकाश। नट-नटी बैठे हैं।)

नट : (*गहरी साँस लेकर*) और भविष्य में भी कर्तव्य और भावनाओं जैसे शाश्वत मूल्यों की टकराहट को कोई रोक नहीं पाए, इनका मापदंड क्या हो?

नटी : समय...। समय इसका सबसे बड़ा मापदंड है। वर्षों

में सब बदल जाता है तो युगों की यात्रा का कहना ही क्या। तुमने कर्तव्य-बोध की पुष्टि के लिए उस युग के महामानव को स्मरण किया।···

नट : और उन्हीं नारियों को दर्पण बनाकर तुमने अपनी भावनाएँ देखीं।

नटी : किंतु कोई उत्तर नहीं मिला। तुम अपने कर्तव्य में ही जीए।

नट : और तुम अपनी भावनाओं में। लेकिन सुनो, हम आज यहाँ तो कल वहाँ होंगे। चलो, खोजेंगे···कोई तो पुरुष मिलेगा।

नटी : कोई तो स्त्री मिलेगी।

नट : जिसने कर्तव्य का···।

नटी : भावनाओं के साथ···।

नट-नटी : प्यारा सा संबंध जोड़ा होगा।

नट : कुछ ऐसे भी लोग होंगे, जिन्होंने कर्तव्य की आड़ से···

नटी : भावनाओं की ओट से···

नट : स्वार्थ नहीं साधे होंगे।

नटी : दिल नहीं जलाए होंगे।

नट : सत्ता नहीं गढ़ी होगी।

नटी : अधिकार नहीं रौंदे होंगे।

नट : सच, कितना अच्छा होगा, उनके जीवन का मंचन।

नटी : जिनके पास इन दोनों मूल्यों का प्यार भरा साथ होगा।

नट-नटी : और वही तो इसका सच्चा उत्तर है। चलो चलें!

अंतिम कोरस

नाटक है, इतिहास है यह,
प्रश्नों पर नहीं कोई विराम।
युग-युग से चलता आया है,
कर्तव्य-भावना का संग्राम॥

मरा नहीं धृतराष्ट्र अभी तक,
दुर्योधन को लो पहचान।
झपट रहे हैं सब कुरसी पर,
देश बन गया है श्मशान॥

मंदिर है, मसजिद है ये,
मन में कब रहते भगवान।
जात-पाँत में बँटकर रह गया,
मेरा भारत देश महान॥

सतलुज में तो आग लगी है,
घाटी में हैं बंद मकान।
घुला हुआ बारूद हवा में,
फूल हो रहे लहूलुहान॥

करें हम सब यही प्रार्थना,
कर्मयोगी हो हर इनसान।
मानवता की गीता पढ़कर,
देश बनाएँ स्वर्ग समान॥

मानवता की गीता पढ़कर,
देश बनाएँ स्वर्ग समान॥